教育基本法改正論批判

——新自由主義・国家主義を越えて

◎大内裕和

※本書は、一九四七年制定の教育基本法が全面改正された二〇〇六年一二月以前に刊行されました。本文中の「教育基本法」とは、一九四七年制定のものを指します。（編集部）

教育基本法改正論批判——新自由主義・国家主義を越えて◎目次

ブックデザイン＝パラダイスガーデン

序章にかえて——教育基本法改正Q&A

◆この改悪が行なわれたら……？

Q なぜ改正に反対するのですか？

A 二〇〇三年三月二〇日に出された中教審答申のもとに文部科学省が進めている改正の方向は、明らかに改悪だからです。中教審答申の目指す方向で教育基本法を改正するならば、教育状況はさらに悪化し、固定化した差別社会と軍事大国化を推し進める危険性がある、これには反対せざるを得ません。

Q 教育基本法改正は憲法改正につながるのですか？

A 教育基本法は、日本国憲法との深い関連性をもっています。それは法律としては異例の前文をはじめ、各条文が日本国憲法と密接に関連していることからも明らかです。このため教育基本法は、「準憲法的」または「憲法保障法的」な性格をもつといわれてきました。

つまり教育基本法「改正」は、憲法「改正」への地ならしという意味をもっているのであり、その視点から中教審答申をはじめとする教育基本法改正論を検討することが必要です。

Q 中教審答申の示す方向で教育基本法が改正されたら、学校教育の現場はどう変わるのでしょうか？

A 教育基本法に「郷土や国を愛する心」や「『公共』の精神」などの国家主義的理念が書き込まれれば、それは学校教育法、社会教育法、学習指導要領などの「見直し」につながることによって教育現場をも強く拘束し、国家に対する忠誠が全国の子どもに強制されていくことになります。

各学校や教員が新自由主義改革の「市場の論理」や「愛国心」教育の方針に逆らうことは、教育振興基本計画の実施による財政的コントロールの圧力によって困難になります。

Q

中教審答申によれば、教育振興基本計画を進めるために教育基本法の改正が必要なのだということですが、これによってなにがどうなるのでしょう？

A

教育基本法に教育振興基本計画の根拠づけとなる条文を盛り込むことは、理念法としての教育基本法を行政施策法へと法の性格を転換させるという意味をもっています。

教育振興基本計画とは、教育施策の総合的・体系的な推進を図るための財政的措置を伴った計画のことですが、これは単なる教育財政の充実策ではありません。教育振興基本計画案には、教育条件整備や財政計画ばかりでなく、教育目標や教育内容に関わる具体的項目が数多く挙げられています。

教育基本法が改正されて教育振興基本計画の策定が根拠づけられれば、文科省は巨大な権限を得ることができます。閣議決定を得られれば、あとは文科省が、自由に基本計画を策定できることになります。文科省による教育政策を国会の審議を経ることなく実現できるのです。教育振興基本計画を教育基本法へ盛り込むことによる「改正」は、理念法としての教育基本法を行政施策法へと転換させ、文科省の権限拡大と教育内容への介入を促進することは間違いありません。

◆どこが改悪か〈1〉――グローバル化時代の教育改革

Q 現在の教育基本法が制定されてから、すでに五十年以上の歳月が経っています。この間、社会の姿は大きく変わりました。新しい時代にはそれにふさわしい新しい教育の理念にそった改革が必要なのではありませんか？

A 「新しい時代」の中身が問題です。中教審答申の想定する「新しい時代」とは、「東西の冷戦構造崩壊後」の「世界規模の競争が激化」する時代、つまり経済のグローバル化時代のことです。教育はグローバル化した大競争時代に勝ち抜くための国家戦略の一貫として位置づけられているわけです。

こうした時代認識を背景に提唱された教育改革には、次の二つの側面があります。第一に、教育における市場原理・競争原理の徹底した導入、いわゆる新自由主義改革ということです。第二に、教育における国家主義の拡張です。

新自由主義改革は、自由競争のもとに社会階層の格差を拡大し、国家主義は教育における統制を強化します。

Q 経済のグローバル化を背景にした教育改革は、教育基本法の理念にどう関係してくるのでしょう？

A

直接的には、大競争を勝ち抜くために、個人の尊重から国家による人材養成へと教育目的が移行します。

また、中教審答申が前提としている国際社会における日本の役割は、現在の憲法・教育基本法の前提としているもの（本書一〇六頁参照）とは大きく異なります。教育基本法改正推進論は、平和主義に基づく国際社会への貢献から、グローバルな市場で勝ち抜き、その秩序を維持するために軍事貢献する国家、すなわち「戦争のできる国家」へ向けてシフトチェンジしようという流れのなかにあります。

中教審答申が目指す教育理念の構築は、そのような国家戦略に役立つ人材養成なのです。これは教育基本法理念の根本的な転換を意味しています。

◆どこが改悪か〈2〉――弱肉強食の新自由主義改革

Q

新自由主義改革によって教育はどう変わるのですか？　教育における規制を緩和して自由が増えるのならよいのではありませんか？

A

一口に「自由」といっても意味が違います。新自由主義が重んじる「自由」とは市場における「競争の自由」のことであって、思想・良心の自由とか、表現の自由というときの「自由」とは異なり、人々を営利追求、弱肉強食の競争へと駆り立てるものです。「競争しない」自由は、むしろ縮小することになります。
教育において新自由主義政策を推進するならば、生徒間の能力主義的差別を促進し、各学校間の序列化をもたらし、社会を急速に階層化することはほぼ確実です。

Q 能力によって差が生じるのは仕方がないのではないでしょうか？　むしろ、個々人の能力や適性に応じて個性を伸ばす教育が求められているのではありませんか？

A

中教審答申では「個性に応じて自己の能力を最大限に伸ばしていく」教育がうたわれていますが、この「個性」の中身が問題です。現行の教育基本法前文にある「個人の尊厳」や第一条（教育の目的）にある「個人の価値」が、国家に対して個人を尊重することを求めているのと、中教審答申は全く逆の方向性をもっていることに注意する必要があります。教育基本法に「個性」が書き込まれることは、国家によって「自己の能力を最大限に伸ばしていくこと」が強制されることを意味します。

個性化教育の具体的施策としては少人数指導や習熟度別指導など、「才能」に重点を置く能力主義的な教育政策が提起されています。これは教科によって「才能」のある子ども、「できる」子どもを早い段階から選別して少人数指導を行なうことですから、それは生徒間の競争を激化させ、学力格差を助長することになります。結果として少数のエリートを育成するために、大多数の児童・生徒が犠牲になるのです。これが中教審のいう「能力に応じた」教育の実態です。

Q

いじめ、不登校などの問題があることを考えると、学校を選択できるようになることは望ましいことのように思えます。学校選択制度のなにが問題なのですか？

A

中教審が推進しようとしている学校選択制度を、行きたい学校に行けるようになるというイメージで受けとめているとしたら大間違いです。学校選択の自由化とは、すなわち学校を生産・販売者、親・生徒を消費者とする市場原理が導入されることを意味します。消費者は多様な選択を行なえるように見えますが、学歴社会のもとで、子どもによい教育を受けさせたいと願わない親は稀でしょうから、より高い学歴を得られることを学校に求め、多くの学校がその要求に応えるために一元的な競争をすることになります。そうなると、各学校の個性は生まれず、序列化だけが進むことになります。

また答申の具体的な施策として、中高一貫教育校の設置、小中一貫、幼小一貫などの推進が挙げられています。一貫教育校は、現在の学校教育の単なるオプションではなく、エリート養成校として位置づけられます。子どもたちは、早い時期から「よりよい教育」を求める入学競争・選抜の渦中におかれることになるのです。現実問題として、エリート教育が受けられるのは、幼児期から進学準備のできる恵まれた家庭の子どもに限られ、その他大多数はたとえ学習意欲が旺盛でも、水準以下の教育に甘んじなければなりません。教育の機会均等は絵に描いた餅となり、いっそうの序列化、階層化をもたらすことになります。

Q 競争は公正に行なわれるならば、社会の活力を生み出すのではありませんか？

A

競争の是非はここでは問わないとしても、習熟度別指導や学校選択制度がそうであるように、新自由主義的教育改革のもたらす競争は、すでに社会的に恵まれた境遇の人には有利で、社会的に恵まれていない人には不利な、不公正な競争です。

しかも新自由主義改革は社会階層間の格差を拡大するだけではなく、地域間の格差も拡大します。中教審答申で提唱されている義務教育費国庫負担制度の見直し（削減）は、財政力の乏しい自治体が教育水準を維持することを困難にします。自治体の財政力の差が地域の教育水準の違いと結びつき、地域間の格差を拡大するのです。

中教審答申の振りまいている、「自由な競争による自己実現」というイメージからは、経済的・社会的に不利な境遇で育った子どもでも、学習意欲があり、努力することによって、高い教育を受けて夢を実現するサクセス・ストーリーが連想されますが、現実はその逆です。学習意欲の有無にかかわらず、住んでいる地域や、保護者の経済状態などでどのような教育が受けられるか、選択の幅が限られてしまうのです。

◆どこが改悪か〈3〉――問答無用の国家主義改革

Q 国家による統制は心配ですが、教育基本法第十条の第一項、教育は不当な支配に服してはならないという原則は今後とも維持するとなっているのですから、教育の政治的中立、思想・信条の自由や学問の自由は守られるのではないですか？

A しかし、第二項「教育行政は、この自覚のもとに、教育の目的を遂行するに必要な諸条件の整備確立を目標として行わなければならない」の部分については、「国と地方公共団体の責務」を規定することが挙げられ、さらに「必要な諸条件の整備」には、「教育内容等も含まれる」ということが明記されています。それは国と地方公共団体がそれぞれの範囲で「必要な諸条件の整備」＝「教育内容」への介入を行なうこと、つまり教育行政が教育内容にも関与することを打ち出しているのです。これは現行の第二項を根本的に変えることに他ならず、さらに第二項と結びつくことで成立していた第一項の「不当な支配に服さない」という原則を解体することで、第十条全体の理念を否定することにつながります。

Q 国際社会に通用する「たくましい日本人の育成」をめざすために、「多様な個性や特性を持った国民を育成する」と答申ではうたっています。もっともなように思いますが?

A 日本国内で教育を受けているのは、日本国籍をもった国民だけでも、日本民族としてのアイデンティティをもった人だけでもありません。教育の目標として「日本人」というカテゴリーを掲げることは、在日韓国・朝鮮人、在日中国人などの日本国内にいる外国人や、沖縄やアイヌなど異なった文化をもつ人々に対していっそう同化を強いたり、差別を助長したりする危険性をもっています。

さらに「日本人」というカテゴリーは、新自由主義的政策によって拡大された階層格差を隠し、「国民としての一体性」を支える虚構のイデオロギーとしての役割をもつことになります。「日本の伝統・文化の尊重」や「郷土や国を愛する心」も「日本人」意識をつくり出すために、要請されているといえるでしょう。

Q 国を構成する一員となる子どもに、国を愛する心＝愛国心を養うのはあたりまえではないのですか?

A 一口にこの国の文化・伝統・風土を愛すると言っても、北海道から沖縄までさまざまな伝統や風土があり、一概にいうことはできません。結局、「愛国心」の愛の対象である国家とは、現実的にはそのときどきの政府と行政機関のことです。政府が自らを無条件に愛せと国民に要求するとはあまりにも厚かましいことではありませんか？　現在の政府を愛する（支持する）かどうかは各個人の思想・良心にかかわることです。それを法で定めることは、要するに行政府の決定にとやかく口答えせずに従え、ということに他ならず、憲法第十九条（思想・良心の自由）に反しています。

Ｑ

勝手な行動をする子どもたちが多く、授業が成り立たなくなったりしていると言われています。教育で公共心を養うことのどこが問題なのですか？

Ａ

勝手な行動をする子どもが多いといっても、「公共心」といった個々人の内面のあり方や社会的規範を法律で強制することによって、それを解決することには問題があります。そもそも、現在の学校問題・教育問題の原因を子どもの「心」のあり方にのみ還元する捉え方が問題です。情報化社会や消費社会化の進展など、教育問題の背景にある社会的要因にも着目する必要があります。

また、中教審答申が提唱している「新しい『公共』」とは、単なる遵法精神や社会的責任の自覚というだけではない「新しさ」をもっています。ふつう公共とか公共心という場合、社会全体のこと、誰しも等しくかかわること、みんなのことと理解されていますが、「新しい『公共』」は、少数のエリートと大多数のノン・エリートとでは求められるものが違うのです。この点でまさに「新しい」といえるでしょう。
エリート層には、グローバル化した国際社会において、競争に勝ち抜くと同時に国際的に貢献できることが要請されています。エリートにとって「公共」への参画とは、こうした国際競争力の向上と国際貢献を目指す「日本」への参画に他なりません。
一方、大多数のノン・エリートにとっての「公共」の精神とは、社会に対して権利要求や批判を行なうのではなく、自らの処遇を甘受し、国家に対して奉仕することです。

Q **無礼な若者や子どもたちや大人がこのごろ多いと嘆く声をよく聞きます。昔だったら躾がなっていない、といわれるところです。家庭教育や地域の躾力を高めるのはいいことだと思いますが？**

A 各家庭がそれぞれ、子どもへの願いをもって教育を行なうことには何の問題もありません。しかし、中教審答申のように、国家が家庭の「責任」や「家庭教育の役割」を規定するということは、国家が一定の教育方針や思想を国民に強制することに他なりません。国連の子どもの権利条約（十八条、日本も批准している）にもあるように、国家の役割は各家庭での教育が十分に行なわれる環境づくりに限定されるべきです。

Q いまでは男女共学の学校が多く、男女で教育内容が違うことはないと思います。教育基本法の条文から「男女の共学は認められなければならない」を削除することが適当だと答申では提言していますが、反対の声も聞きます。何が問題なのですか？

A 日本社会の現状はまだまだ「性別による制度的な教育機会の差異もなくなって」いるとはいえません。「見えない」制度として男女差別を再生産する「隠れたカリキュラム」が学校教育で機能しています。初等中等教育段階においてジェンダー・フリー教育の実践はまだ緒に着いた段階であり、男女平等教育どころか、教育を通して性別役割分業意識や職業における性別分離の構造が再生産されています。そのような実状を中教審答申は見落としているのです。

◆どこが改悪か〈4〉――新自由主義と国家主義の関係

Q 規制緩和を目指す新自由主義と国家による統制を目指す国家主義とは両立できないように見えます。中教審答申においてこの二つはどういう関係にあるのですか？

A

新自由主義と国家主義は見かけの上では相反するものですが、中教審の提唱する教育基本法改正論においては、次の三つの点で、互いに補い合う関係にあります。

一つ目は、国是としての新自由主義です。教育においては、グローバルな市場を勝ち抜く国際競争力を身につけさせることが、国是として国家によって強制されます。そのためには国家が教育内容を統制する必要が生じます。新自由主義改革という国家目標へと人々を動員するために国家主義的統制が要請されるのです。

二つ目は、戦争のできる国家づくりです。グローバル化した市場秩序を維持するため、日本がこれまで行なってこなかった軍事的な貢献が「果たすべき役割」とされ、戦争のできる国づくりへ向けて教育理念を変えることが主張されています。国家目標である新自由主義のために、国民を戦争に動員できる国家主義的教育が求められることになります。

三つ目は、社会の階層化・二極化の隠蔽です。新自由主義改革によってもたらされる社会の階層化・二極化は、さまざまな社会矛盾を引き起こします。中教審答申における「たくましい日本人」や「郷土や国を愛する心」、「伝統・文化」、「『公共』の精神」などの国家主義的教育理念は、引き起こされる社会の階層化や矛盾を隠蔽し、「国民」を統合するイデオロギーとしての機能を果たすことが期待されているのです。

◆改正反対で何ができますか？

Q この改正に反対するのに「教育基本法を守ろう」だけでいいのでしょうか？

A 大切なのは、教育基本法の理念が今の教育現場では十分に生かされていない現実を、正面から見据えることです。教育基本法「改正」はこれまでなされなかったものの、保守政権および文科省は、個別法規や行政措置、答申などを通してその理念の現実化を妨げてきました。

こうした現状を正面から見据えることなく、「教育基本法を今こそ生かそう」と言われても、それは「いつか存在した」理念であったり、現実にはない「理想」として空しく感じる教員・市民・親がいるのも無理からぬことだといえます。

そこで、教育基本法の理念を素晴らしいものとしてたたえることに止まらず、今の教育現実を批判する武器として実践的に活用することです。現在の教科書検定のあり方や、新自由主義と国家主義を進行させている教育改革を批判する際に、教育基本法の理念を生かすことは十分可能です。

Q この改正を批判することで教育をよりよい方向へ向かわせることができるのでしょうか？

A

よりよい方向へ向かわせるには、教育基本法のもっている歴史的制約や問題点から目をそらさず、その先を見据えて今回の教育基本法「改正」に対する批判を行なうことです。

教育基本法には「国民」主義、能力主義、国家による教育目的・理念の設定という歴史的制約・問題点があります。この三点について注意を払うことは、教育基本法の価値を低め、今回の「改正」＝改悪を利することになりそうに見えます。

しかし、今回の教育基本法「改正」をみると、それは新自由主義と国家主義を推進するものであって、「国民」主義、能力主義、国家による教育目的・理念の設定という教育基本法の問題性を、それぞれさらに強化するものに他なりません。つまり、教育基本法の歴史的限界に対する自覚は、今回の「改正」を擁護するどころか、それに対する一層強い批判につながることになるのです。

ですから、今回の教育基本法「改正」を批判する思想や実践を積み重ねることは、教育基本法の歴史的限界をも乗り越える可能性をもっていることを意味します。教育基本法改正論に対する批判が、単なる批判に止まらず、今後の教育に対する展望を切り開くためにも、教育基本法の歴史的制約や問題点に自覚的になることが重要であると思います。

第一章　教育基本法改正論の登場
――「教育の憲法」の危機

1　なぜ教育基本法「改正」か

急速に浮上してきた教育基本法「改正」

二〇〇三年三月二〇日、文部科学大臣の諮問機関である中央教育審議会（以下、中教審と略）が、「新しい時代にふさわしい教育基本法の在り方」について答申を提出した。与党、特に自民党はこの答申に基づき、「改正」法案の提出・採決を目指している。第二次世界大戦後に教育基本法が制定されて以来、初めてその「改正」が政治日程に上ってきたことになる。この「改正」へ向けての動きは急ピッチであった。二〇〇一年一一月二六日に、遠山敦子文部科学大臣から「教育振興基本計画の策定について」と、「新しい時代にふさわしい教育基本法の在り方について」という二項目の諮問が中教審に出されてから、わずか一年と四カ月足らずである。教育法令の根本法である教育基本法の「改正」という重要性を考えれば、異常なまでのスピードであるといえるであろう。これに対してあまりにも拙速であるという批判がマスコミなどから出されているのもうなずける。教育基本法「改正」がこのように急速に浮上してきたのはなぜだろうか。

近年政治日程に上ってきた教育基本法「改正」と憲法「改正」についての動きをまず年表で整理してみることとする。

二〇〇〇年　一月　憲法調査会発足
二〇〇〇年　三月　教育改革国民会議発足
二〇〇〇年一二月　教育改革国民会議最終報告
　　　　　　　　　教育基本法の「改正」と教育振興基本計画の推進が盛り込まれる
二〇〇一年　一月　文部科学省二一世紀教育新生プラン
二〇〇一年　七月　教育改革関連六法案成立
　　　　　　　　　不適格教師の排除、問題行動児の停学処分、社会奉仕活動の導入など
二〇〇一年一一月　文部科学省「新しい時代にふさわしい教育基本法の在り方」についての

二〇〇一年一一月一日　審議を中央教育審議会に一年をめどに諮問（戦後初めての諮問）

二〇〇二年一一月一四日　衆院憲法調査会が中間報告書を提出。中央教育審議会（中教審）から中間報告が出される。

二〇〇三年　三月二〇日　中央教育審議会（中教審）から答申が出される。

「二一世紀を切り拓く心豊かでたくましい日本人の育成」、「日本の伝統、文化の尊重」「郷土や国を愛する心と国際社会の一員としての意識の涵養」、『公共』に主体的に参画する意識や態度の涵養」、教育振興基本計画などが教育基本法の「改正」として盛り込まれる。

これを見て気がつくのは、憲法調査会と教育改革国民会議の発足、憲法調査会による中間報告と中教審の中間報告がそれぞれほぼ同時であることなど、憲法「改正」と教育基本法「改正」が並行して進んでいるということである。教育基本法との関係でポイントになるのは、教育改革国民会議から出された最終報告だろう。なぜならここで教育基本法「改正」が具体的に提起されたからである。

政治主導の教育改革国民会議

教育改革国民会議は小渕恵三首相の私的諮問機関であり、二〇〇〇年三月に発足した。この教育改革国民会議設置に際して、政府・首相サイドにおいて教育基本法「改正」が意図されていたことは間違いない。ここには教育基本法「改正」へ向けての政権政党自民党内部の活発な動きがあった。

一九九九年の第一四五国会で「日の丸・君が代」を国旗・国歌とする法律が成立するとすぐ、自民党教育改革実施本部教育基本法研究グループ（主査・河村建夫衆院議員）が教育基本法の「見直し」に着手することを決定した。そのグループの活動を受けて、小渕首相が二〇〇〇年一月の国会における施政方針演説で、「教育基本法見直しに着手する」と表明したのである。この方針は教育改革国民会議においても継承された。また小渕首相が病に倒れたことにより、交代した森喜朗首相は自ら出席した第二回の会合において、教育基本法「改正」の必要性を強く主張した。教育改革国民会議の設置に際して、政府・与党サイドから教育基本法「改正」への強い意向があったことがわかる。

教育改革国民会議の最終報告に教育基本法「改正」が明記されたことの背景に、こうした政治権力の意向が強く働いていたことは間違いないであろう。このこと自体、政治権力による教育内容・方針への過剰介入として問題とされなければならない。

ただ、これだけであれば、それまで自民党が戦後一貫して主張してきた教育基本法改正論と大差なく、その内容が「戦前回帰」や「復古主義」であるとして強く批判されたに違いない。しかし、教育改革国民会議のもった意味は別の点にある。

教育改革国民会議の背景――九〇年代の教育荒廃と「ゆとり」・「個性化」路線への不安

教育改革国民会議での議論は、一九九〇年代における教育荒廃に対する社会の強い不安感を背景としていた。

一九九七年の中学三年生による神戸市小学生殺害や一九九八年の黒磯市立黒磯北中学校の生徒が教師をナイフで刺殺した事件など、教育病理や教育荒廃は一層深まっている様相を呈していた。不登校の増加、いじめ・校内暴力の深刻化、また「学級崩壊」という言葉が登場し、学校現場における教育が一部機能不全に陥っているという状況がマスコミ報道を通じて伝わった。

こうした教育問題の噴出に加えて、「ゆとり」教育や入試の多様化といった近年の教育改革に対する批判も盛んとなっていた。「ゆとり」教育の推進や少子化に伴う入学競争の緩和によって、それまで激しい受験競争によって支えられてきた生徒・学生の学力が低下しているのではないかという「学力低下」論は、教育社会学者の苅谷剛彦をはじめ理系を含めた研究者たちによって問題化され、マスコミを通じて広く知られることとなった。

このことは一九八〇年代、中曽根康弘首相の私的諮問機関である臨時教育審議会（以下、臨教審と略）の設置以降、推進されてきた「個性化」をスローガンとする教育改革が、それらを支持・推進してきた政府・官僚・経済界にも大きな不安や戸惑いを抱かせたり、一定の反省をもたらしていたことを示していた。教育荒廃を解決しないばかりでなく、学力の低下をもたらしているという理由から、文部省の教育改革は批判されることとなった（渡辺　2002）。
こうした臨教審以来の教育改革によるさまざまな矛盾が露呈し、それが「反発」や「批判」を受けるようになった状況において、小渕首相の私的諮問機関「教育改革国民会議」が設置されることとなった。教育改革国民会議が諮問機関として文部省の外側に設置されたことからも、これが少なくともそれまでの文部省の改革路線とは一線を画す意図によって推進されたのではないかということが予想される。

教育基本法「改正」にすりかえられた臨教審の「自由化」・「個性化」路線批判

教育改革国民会議は第三回の全体会において三つの分科会に分かれて審議することとなった。それは次のようなものであった。

第一部会　心美しい活力ある日本人を育む分科会（後に「人間性」という名称に変更）
第二部会　学校教育の充実を図る分科会（後に「学校教育」という名称に変更）
第三部会　競争力のある日本をつくる分科会（後に「創造性」という名称に変更）

このなかで最も注目されることとなったのが第一部会の議論であったといえる。

第一部会には浅利慶太、河上亮一、勝田吉太郎、曽野綾子、山折哲雄らが参加した。ここでは「自由化」、「個性化」を目指す教育改革に対する反対意見が大勢を占めることになった。第二部会、第三部会では新自由主義改革の推進を主張する委員が多数派を占めていたのに対して、第一部会のメンバーの多くはいじめ・不登校、学級崩壊などの教育問題や少年犯罪の発生を社会規範の衰退として捉え、それらの解決を教職員や国家の権威の回復、国家主義、共同体への奉仕の精神などによって図るという志向性をもっていた。

特に第一部会に現場教員として参加した河上亮一は、一九九〇年代の「ゆとり」や「個性化」を推進した教育改革に対する明確な批判意識をもっていた。河上は『自由化』や『個性化』の教育改革が学校を解体した」と発言し、「学級崩壊を加速した」とも述べている（河上 2000）。現場での経験に立脚し、「プロ教師の会」の活動や『学校崩壊』（草思社、一九九九）などの執筆活動も盛んに行なっていた河上の発言は、分科会の方向に大きな影響力をもったといえる。

河上以外のメンバーは、近年の教育改革に対する批判というよりも、戦後教育の理念そのものに反発をもっている者が多かった。山折哲雄は戦後失われた「祖国愛」や「国家への献身」を主張し、曽野綾子は「国家への奉仕義務」の重要性を述べている。河上が批判の対象として想定した教育改革における「自由化」や「個性化」と、他のメンバーが問題だと考えている戦後教育における「個人」や「人格」の尊重、「自由」の間には大きな差異が存在していたのであるが、そのことについての深い検証はなされず、第一部会の議論は「道徳」や「伝統」、「愛国心」などを付け加えるべきだとする教育基本法「改正」へと向かっていった。

この二つの流れが統合されていったことは大きな意味をもっていた。このことによって保守政党の政治家たちが唱えていた政治的イデオロギーとしての意味合いの強い教育基本法「改正」ではなく、現代の教育荒廃や社会規範の衰退の原因を教育基本法の理念に求めるという議論の枠組みが成立したからである。教育改革国民会議の第二回全体会で森喜朗首相が提起した教育基本法の「見直し」は、これによって大きく援護されたといってよいだろう。

教育改革国民会議から中教審答申へ——新自由主義と国家主義の結合

このように第一部会において道徳や伝統の重視、郷土や国を愛する心など国家主義的な主張に基づく教育基本法「改正」が主張され、このことが大きな注目をあびることとなったが、教育改革国民会議ではもう一つの有力な議論の流れが存在した。それは前記の第二部会、第三部会で提起された教育の新自由主義改革である。

新自由主義とは、簡潔に言えば、教育のなかに市場原理に基づく競争の論理を持ち込んでいくという考え方である。教育改革国民会議の最終報告では戦後における平等主義が一律主義、画一主義に陥る危険性をはらんでいたとして、「独創性」や「創造性」に富む人間の育成が求められている。具体的には習熟度別学習の推進、中高一貫教育の推進、「飛び入学」を可能とする大学入学年齢制限の撤廃、大学入試の多様化、学校・教育委員会への組織マネジメントの導入など、「個性化」の名の下に生徒間・学校間の競争を促進する政策が打ち出されている。これは一九八〇年代の臨教審以降における教育政策の「自由化」や「規制緩和」をさらに推し進めたものであるといえる。

こうした教育制度の「自由化」や「規制緩和」という新自由主義改革は、第一部会で提起された道徳や伝統の重視、郷土や国を愛する心といった国家主義による統制の強化とは、一見矛盾する主張であるように見える。しかしこの新自由主義と国家主義とは、教育改革国民会議の最終報告である「教育を変える一七の提案」を支える二つの柱となり、それは二〇〇一年一月の文部科学省（以下、文科省と略）から出された「二一世紀教育新生プラン」へと引き継がれ、二〇〇一年一一月の文科省による中央教育審議会への諮問、そして二〇〇三年三月二〇日に出された中教審答申まで一貫して続いている。

このことは第一部会、例えば河上亮一の主観においては対立していた新自由主義改革と国家主義（共同体主義や権威主義も含まれる）が、両立可能であるということを示している。教育改革国民会議で提起され、中教審の答申でも教育基本法「改正」の一つとして挙げられた教育振興基本計画には、新自由主義と国家主義をそれぞれ推進する政策が数多く盛り込まれている。教育基本法の「改正」は、この二つの観点から行なわれようとしているのであり、両者が両立可能なこと、さらに言えば両者が相互補完的であるという関係を読み取ることが重要であると筆者は考える。

2　教育基本法の意義・特徴

最初に近年の教育基本法「改正」の動きについて触れたが、ここで教育基本法の歴史的意義・特徴について簡単に確認しておこう。

敗戦後の一九四七年三月三一日に公布施行された教育基本法は、戦後教育の成立において画期的な意味をもっていた。教育基本法の意義・特徴として大きく三点を挙げることができる。それは、教育勅語の否定、日本国憲法との一体性、教育法令の原則的位置、である。

教育勅語の否定——教育を個人の権利とする画期的な意味転換

一つ目は教育基本法が戦前の天皇制教育と超国家主義・軍国主義の教育を基本理念とした教育勅語の否定という意味をもっていたということである。

一八九〇年に公布された教育勅語は、正式には「教育ニ関スル勅語」といい、戦前の教育理念の中心に位置づいていた。教育の根本は天皇の徳化と臣民の忠孝を基礎とする国体にあるとし、次に臣民の遵守すべき徳目を列挙している。徳目の中心は「常ニ国憲ヲ重シ国法ニ遵ヒ一旦緩急アレハ義勇公ニ奉シ以テ天壌無窮ノ皇運ヲ扶翼スヘシ」というところにあらわれている。そこには、国民は天皇の臣民として国家に忠実に奉仕すべきものであるという考え方が明確に示されていた。戦前の天皇制教育の精神が、教育勅語に表現されているといっていい。

教育勅語はその後、学校教育のさまざまな場面、特に儀式の席上で教師がこれを読み、また子どもたちに読むことを強制した。またその徳目に準拠した修身教科書を通して学校現場に強力に浸透していったのである。この教育勅語に対する否定を意味するものとして教育基本法は成り立っている。それはまずその前文から読み取ることができる。

われらは、さきに、日本国憲法を確定し、民主的で文化的な国家を建設して、世界の平和と人類の福祉に貢献しようとする決意を示した。この理想の実現は、根本において教育の力にまつべきものである。

われらは、個人の尊厳を重んじ、真理と平和を希求する人間の育成を期するとともに、普遍的にしてしかも個性ゆたかな文化の創造をめざす教育を普及徹底しなければならない。

ここに、日本国憲法の精神に則り、教育の目的を明示して、新しい日本の教育の基本を確立するため、この法律を制定する。〔傍点・筆者〕

また第一条（教育の目的）に掲げられた条文も重要である。

教育は、人格の完成をめざし、平和的な国家及び社会の形成者として、真理と正義を愛し、個人の価値をたつとび、勤労と責任を重んじ、自主的精神に充ちた心身ともに健康な国民の育成を期して行われなければならない。〔傍点・筆者〕

教育勅語が前提としていた天皇制国家から「民主的で文化的な国家」を建設することへと、国家像が変化していることがまずわかるだろう。「個人の尊厳」や「個人の価値」、「普遍的で個性的な文化」、「自主的精神」などの言葉にも見られるように、教育勅語において教育が国家に対する忠誠として位置づけられていたのに対して、教育基本法においては教育を個人にとっての権利として捉えるという画期的な意味転換が行なわれていることがわかる。

またこの意味転換が、一九四六年に設置された内閣総理大臣所轄の教育政策審議機関である教育刷新委員会の議論を経て行なわれたということにも注意する必要がある。

教育基本法の制定に中心的な役割を果たした教育刷新委員会において、天野貞祐委員から「奉公」、羽渓了諦委員から「忠孝」といった伝統的価値を入れようという意見が出されたが、務台理作委員や森戸辰男委員による批判によって削除された。教育基本法の作成においては教育刷新委員会は強い決定権と独立性をもっていたのであり、教育基本法が占領軍の「押し付け」であるという一部の「改正」論者によって出されている議論は誤りである。

もう一つこの関わりで重要なのは、教育勅語がイデオロギーとしてそれを支えていた天皇制国家がアジア・太平洋戦争という惨禍をもたらしたことに対する反省として、教育の目的に「平和的な国家及び社会の形成者」が明記されていることである。これは戦前の教育が目指した国家像からの明確な転換を示している。しかし中教審答申では前文の「平和的な国家及び社会の形成者」は今後とも大切にしていくとされているものの、つけ加える理念としては「社会の形成に主体的に参画する『公共』の精神」となっており、「平和的な」という言葉が削除されている。「伝統」という言葉の導入や「平和的な」という文言の削除など、今回の中教審答申において、教育勅語から教育基本法へ転換した理念を否定する方向で「改正」が進められていることがわかる。

憲法改正と深く関連する教育基本法改正

二点目は日本国憲法との深い関連性・一体性である。それは前に挙げた教育基本法の前文に明確にあらわれている。「さきに、日本国憲法を確定し」と日本国憲法の制定を前提として、その理想の実現が「根本において教育の力にまつべきものである」と述べられていることからわかるように、教育基本法は日本国憲法の実効性を担保する最も重要な役割を期待されているのである。また「日本国憲法の精神に則り」、この法律を制定すると書かれていることから、教育基本法が何よりも憲法の理念に基づいてつくられていることが明示されている。

実際、教育基本法第三条（教育の機会均等）と日本国憲法第十四条「法の下の平等、貴族制度の否認、栄典の限界」、教育基本法第四条（義務教育）と日本国憲法第二十六条「教育を受ける権利、教育を受けさせる義務、義務教育の無償」、教育基本法第九条（宗教教育）と日本国憲法第二十条「信教の自由、国の宗教活動の禁止」など、教育基本法の条文は日本国憲法のそれと密接に関連している。このため教育基本法は、「準憲法的」または「憲法保障法的」な性格をもつといわれてきた。

つまりこの法律を「改正」するということは、憲法「改正」と深く関わることを意味しているのであり、その視点から中教審答申をはじめとする教育基本法改正論を検討することは重要な課題であるといえる。教育基本法に「前文」があることは法律としては異例であるが、それはこの法律が教育勅語の否定と日本国憲法との深い関連性をもつことを訴える「教育宣言」としての性格をもっていることを示している。

他の教育法令の原則的位置を占める教育基本法

三点目は教育基本法が戦後における教育理念を明示すると同時に、戦後の教育法令の根本的な原則を占める位置にあるということである。このことは教育基本法第十一条（補則）で次のように言及されている。

　　この法律に掲げる諸条項を実施するために必要がある場合には、適当な法令が制定されなければならない。

　この条項からわかるように、教育基本法は理念的であると同時に他の教育法令を統括する位置にある法律であることがわかる。教育基本法制定以後、学校教育法（一九四七年）、教育委員会法（一九四八年）、社会教育法（一九四九年）、義務教育費国庫負担法（一九五二年）など戦後の主要な教育立法が新設されていった。こうして戦後の教育法制は「教育基本法制」とも呼ばれることになる。

　一九七六年五月二一日の最高裁学力テスト事件判決[1]でも、「他の教育関係法律は教基法の規定及び同法の趣旨、目的に反しないように解釈されなければならないのだから」と述べられており、教育基本法が他の教育法令を統括する位置にあることを確認している。このことは教育基本法の重要性を示すと同時に現在議論されている「改正」が、教育法令全体に大きな変更をもたらす可能性をもっていることを示している。

　中教審の「新しい時代にふさわしい教育基本法と教育振興基本計画の在り方について」（中間報告）の第二章「新しい時代にふさわしい教育基本法の在り方について」のなかの「教育基本法見直しによ

る教育改革の推進」という項目では、以下のように述べられている。

教育基本法の見直しについては、「教育基本法を改正しても教育現場が直面する課題が解決するわけではなく、改正する意味がない」等の意見もある。しかし、本審議会としては、教育の基本的な理念・原則を定める教育の根本法としての教育基本法の意義を十分に踏まえ、教育の諸制度や諸施策を個別に論じるだけでは取り上げにくい、教育の目的、学校教育制度の在り方、家庭教育の役割など、教育の根本的な部分について議論を行うことが重要であると考える。

さらに中教審の答申では以下のように述べられている。

また、教育基本法改正の趣旨が教育制度全般に生かされるよう、学校教育法、社会教育法、生涯学習の振興のための施策の推進体制等の整備に関する法律などに定める具体的な制度の在り方や、学習指導要領などの教育全般にわたって見直しを行うことが必要と考える。

特に、学校教育法については、教育基本法改正に合わせて、各学校種ごとの目的、目標に関する規定などについて、見直す必要が生じると考えられる。

教育基本法「改正」をめぐる議論は抽象的・理念的なものであって、具体的な日常の教育現場とはあまり深い関係はないのではないかという印象をもたれるかも知れないが、前記の引用にあるようにそれは全くの誤解であることがわかる。中教審答申では教育基本法「改正」に合わせて、学校教育法、社会教育法などの個別法律や学習指導要領など教育全般にわたる見直しを提起している。教育基本法「改正」によって教育理念だけでなく、現場の具体的なレベルまで教育を変えていくことが意図されていることがわかる。

以上、教育基本法の特徴として教育勅語の否定、日本国憲法との一体性、教育法令の原則的な位置にあることを挙げてきたが、今回の「改正」がいずれの点においても重要な変更を迫る可能性をもっていることがわかる。次に教育基本法の戦後における歴史を見ることとする。

3　教育基本法の戦後における経緯

裏切られつづけてきた理念――「逆コース」と「期待される人間像」

教育基本法について、戦後しばらくはそれをめぐる議論の構図は安定してはいなかった[2]。しかし一九五五年における左右社会党の統一と自由民主党の結成によって「五五年体制」が成立し、冷戦の激化によるアメリカの対日政策の転換に伴い、自由民主党が憲法と教育基本法の「改正」を打ち出すいわゆる「逆コース」以降、保守・右派勢力が教育基本法「改正」を唱え、護憲・左派勢力が「擁護」するという対立構図が明確となった。

一九五六年、鳩山内閣の清瀬一郎文相は、教育基本法が「日本国に対する忠誠」や「家族内の恩愛の感情」などを掲げていないと批判し、臨時教育制度審議会設置法案を国会に提出し、教育基本法「改正」を検討しようとしたが廃案となった。

一九六〇年、池田内閣の荒木万寿夫文相も「日本人の誇り」が不十分であるとの不満から、再検討を主張したが実現されなかった。いずれも護憲を唱える革新政党や世論の強い批判によって「逆コース」が阻止されたのである。

こうして教育基本法の「改正」は実現しなかった。しかし保守政権および文部省は教育基本法の理念を裏切るさまざまな政策を実施していった。一九五六年には地方教育行政の組織及び運営に関する法律案を野党、日教組、世論の強い反対を押しきって成立させ、教育委員の公選制は任命制へと変更された。教育長任命にさいしては、市町村教委委員長は都道府県教委の承認を、都道府県教委委員長については文部省の承認を、それぞれ得なければならないという形で、教育行政における地方分権の原則は崩され、中央集権体制が整備された。

戦前以来の画一的教育に対する反省・批判として戦後一九四七年から「試案」として出されていた学習指導要領は、一九五八年には「試案」という言葉が削除され、教科書など教育内容に対する拘束力が強化された。

一九六六年、中教審によって「期待される人間像」という文書が後期中等教育の理念を明らかにするために出された。第四章の「国民として」という項目には、「正しい愛国心をもつこと」や「象徴に敬愛の念をもつこと」があげられ、「天皇への敬愛の念をつきつめていけば、それは日本国への敬愛の念に通ずる」とされている。ここでは天皇を中心とした国を愛する心の重要性が表明されていたのである。

空洞化されながらも国家による教育介入への歯止めとなってきた教育基本法

以上のように教育基本法の「改正」は実現しなかったものの、保守政権は個別法規や行政措置、答申などを通してその理念の現実化を妨げてきたのである。現在の「改正」論議を考える際に、教育基本法の理念を一貫して尊重せずに戦後の教育政策を運営してきた政権与党および文科省が、現在の教育問題の原因を教育基本法に求めて「改正」を主張するという倒錯した事態が起こっているということをおさえておく必要があるだろう。

しかし教育基本法の理念は一方的に空洞化され続けてきたわけではない。特に第十条（教育行政）の教育に対する「不当な支配」を禁じた条文は、教科書検定裁判[3]や一連の学力テスト裁判[4]、教員の自主研修権をめぐる問題などにおいて、国家・政府による介入から教育の自由を守る積極的役割を果たしてきた。

特に第十条（教育行政）について争われたのは家永教科書裁判であるが、一九七〇年の東京地裁（裁判長・杉本良吉）において、文部省による教科書検定は国家による教育介入であるとして原告勝訴の判決が出された。そこでは、教育行政は教育の外的事項について条件整備の責務を負うが、教育の内的事項（教育の内容）については権力的に介入することは許されない、とする教育基本法第十条の趣旨が生かされている。

教育行政に対して教育基本法は一定の法的拘束力をもち、また教育現場の自由を守ろうとする運動によって生かされてきたといえるだろう。

「戦後教育の総決算」をねらった臨教審

「逆コース」の後に再び教育基本法「改正」が大きな議論となったのは、「大国主義的ナショナリズム」を唱えた中曽根康弘内閣の時期であった。中曽根は「戦後教育の総決算」の具体策として一九八四年に臨時教育審議会を設置した。

中曽根は教育基本法「改正」論者として知られているが、臨教審第一回総会における内閣総理大臣の挨拶においてもそのことは明確に表明されている。中曽根は近年における教育問題の発生、情報化社会の進展、国際化などの審議会諮問理由に言及した後、次のように述べている。

本日の諮問は、このような観点に立ったものでありますが、教育改革は、我が国固有の伝統的文化を維持発展させるとともに、日本人としての自覚に立って国際社会に貢献する国民の育成を期し、普遍的人間社会の生活規範を身に付けながら、高い理想と強健な体力、豊かな個性と創造力を育むことを目標として行われるべきものと考えます。〔傍点・筆者〕

このように「我が国固有の伝統的文化」や「日本人としての自覚」など、教育基本法に対する批判が彼の念頭にあったことは間違いない。臨教審委員のなかには教育の目的に「宗教心」、「国を愛する心」、「伝統文化の尊重」の三項目を付け加えるべきだと主張する有田一寿をはじめ、教育基本法「改正」を主張する委員が多く参加していた。しかし臨教審設置法におけるこの法律の目的には以下のように書かれていた。

社会の変化及び文化の発展に対応する教育の実現の緊要性にかんがみ、教育基本法（昭和二十二年法律第二十五号）の精神にのっとり、その実現を期して各般にわたる施策につき必要な改革を図ることにより、同法に規定する教育の目的の達成に資するため、総理府に、臨時教育審議会（以下「審議会」という。）を置く。〔傍点・筆者〕

この臨教審設置法に書かれた「教育基本法の精神にのつとり」という部分が教育基本法「改正」に対する「歯止め」になった。この文言が入ったことは、当時の議会内外での憲法・教育基本法を擁護する勢力の強さを示していたといってよいだろう。

臨教審はその答申において「個性重視の原則」、「国を愛する心」、「公共の奉仕」、「世界のなかの日本人」などを打ち出した。これらは教育基本法の内容と抵触する可能性の強いものであるが、いずれも教育基本法の枠内でという限定で、または教育基本法をより現代に生かしていくという名目で提出された。

これらの方針はすべて、今回の中教審の教育基本法「改正」案とほぼ重なっており、現在の教育改革との関連性を強くうかがわせるものである。そして臨教審においては、設置法の「歯止め」によってかろうじて守られた教育基本法「改正」が、一九九〇年代後半に急速に具体化することになったのである。

〔注〕

1　一九六一年に文部省によって行なわれた全国中学校一斉学力調査が、教育基本法第十条の教育に対する「不当な支配」にあたるかどうかが争われた裁判。最高裁判決は全国一斉学力テストの違法性を認めなかったが、判決文のなかで教育内容に対する国家的介入についてはできるだけ抑制的であることの重要性が述べられている。

2　これについては、（小熊　2002）の特に第九章を参照。小熊は戦後初期における左派の教育学者や日教組の教育基本法批判、民族教育論を検討している。

3　歴史学者の家永三郎が、自著の高校用教科書『新日本史』に対する検定が、違憲・違法であるとして、一九六五年に提訴した訴訟（第一次訴訟）に始まった。家永は第一次訴訟に続いて、第二次訴訟（一九六七年）、第三次訴訟（一九八四年）と三つの裁判を提訴した。裁判では教科書検定が日本国憲法において保障された「学問の自由」や「表現の自由」を侵害するかどうか、また国家による教育への「不当な支配」を禁じた教育基本法第十条に違反するかどうかが争われた。

4　文部省の全国学力一斉調査が一九六一年にスタートした。調査の方法は、小学校は五・六年生を対象に国語、算数の二教科を全国の指定校、希望校に九月二六日に実施する。中学校は全国の一・二年生全生徒に、国語、社会、数学、理科、英語の五教科を一〇月二六日に実施するとなっていた。文部省はこの調査を教育行政が実施する「学校事務」であり、「教育行為」ではないと主張した。日教組はこの調査を行政権力が教育現場まで不当に介入してくるものとして「学力テスト」と呼び、全国的な阻止闘争を展開した。この「学力テスト」の正当性をめぐって争われた裁判のこと。

第二章　教育基本法改正論の流れ
――臨教審から民間教育臨調まで

1　臨教審設置とその背景

新自由主義・国家主義を打ち出した臨教審

ここで一九八四年設置された臨時教育審議会（以下、臨教審と略）を取り上げることとする。臨教審はその設置法の「教育基本法の精神にのっとり」という「歯止め」によって、教育基本法の改正に踏みこむことはなかった。しかし、ここでの議論が一九八〇年代後半から現在までの教育改革の基本路線である新自由主義・国家主義を打ち出し、それが今回の教育基本法改正論の基調となっている点から、取り上げる重要性があるのである。

臨教審から一九八七年八月に出された「教育改革に関する第四次答申」（最終答申）では第二章「教育改革の視点」で次のように述べられている。

一　個性重視の原則

今次教育改革において最も重要なことは、これまでの我が国の根深い病弊である画一性、硬直性、閉鎖性を打破して、個人の尊厳、個性の尊重、自由・自律、自己責任の原則、すなわち「個性重視の原則」を確立することである。この「個性重視の原則」に照らし、教育の内容、方法、制度、政策など教育の全分野について抜本的に見直していかなければならない。（以下略）

このように最も重要な改革のポイントとして「個性重視の原則」が提起されている。そして同じ章に次の記述がある。

三　変化への対応

（前略）①　我が国が教育・学術・文化等あらゆる面で国際的に貢献し、責任を果たすためには、まず、国際社会の中に生きるよき日本人、ひいてはよき一人の人間の育成を期した教育の在り方を考えていかなければならない。（以下略）

ここでは「国際社会の中に生きるよき日本人」ということが打ち出されている。中教審答申同様、教育基本法では一度も使われていない「日本人」という単語がキーワードとなっている。これまでの教育の画一性、硬直性を打破するという「個性重視の原則」は、後に詳しく述べるように教育の新自由主義改革のキーワードである。「日本人」の強調が国家主義の強調であることは明らかだろう。臨教審は最終答申において新自由主義と国家主義を打ち出したのである。

臨教審の背景を探るには、一九八〇年代の中曽根政治の特徴を見る必要がある。一九八二年に鈴木善幸首相の辞意表明を受けて行なわれた自民党総裁選で中曽根康弘が選出され首相となった。発足当時から田中角栄元首相の影響力下にあることが大きな批判を受けるなど、党内基盤は必ずしも強くなかったが、五年という異例の長期政権となった。

臨教審の背景——中曽根政治による新自由主義・国家主義政策の推進

中曽根政治の第一の特徴は新自由主義政策の推進であった。新自由主義とは、民間企業に対するさまざまな規制を取り払うことによってその活力を増すことを目指す一方で、社会経済システムへの政府の直接的介入を極力排し、市場原理によってこれを運営していこうとする考え方である。一九八〇年代のイギリスのサッチャー政権、アメリカのレーガン政権での民営化や規制緩和に大きな影響を与えた思想であり、同時期の中曽根政権もこの方針を採用したといえる。

新自由主義は具体的には次のような政策となる。まずは、「企業の自由」を重視し、企業にかかっている重い負担を軽くして競争力を増すための政策である。法人税の減税など企業にかかる税金を減らすので財政支出の削減が必要となり、それによって公共部門の縮小、教育・福祉予算のカットなどが進むことになる。

もう一つは、「市場の自由」を社会のさまざまな分野に適用することである。市民の健康や安全維持、弱小産業の保護、労働者を保護する法律などの規制が緩和される。このことによって市民の健康や安全、弱小産業や労働者の保護は「市場の自由」にさらされ、結果的に損なわれることが多い。

この政策が中曽根政権において採用されたのは、一九七〇年代以降の経済成長と財政状況の変化があった。一九七三年の石油ショック以後、それまでの高度経済成長がストップして低成長へ移行することとなった。一九七〇年代半ばから建設国債が増加し、一九七六年度から赤字国債の発行が始まって、財政収支が悪化することとなり、一九七九年度は当初予算で国債依存度は三九・六%に達していた。

そうした状況に加えて、一般消費税の導入が、それをはかった自民党の選挙の大敗北によって挫折し、増税が困難な状況となった。そこで一九八一年に臨時行政調査会が発足し、財政赤字削減のための歳出抑制路線を打ち出したのである。中曽根内閣はこの臨時行政調査会の路線を実行に移していった。

中曽根は財政主導の福祉国家論を斥け、小さな政府、規制緩和、民間活力の導入といった行財政改革を推進した。具体的には国鉄、電々公社、専売公社の民営化を実現した。特に一九八七年四月に行なわれた国鉄の分割・民営化は、当時自民党にとって最大の敵対勢力であった「社会党—総評ブロック」の中核部分であった国鉄労働組合（国労）の解体を意図したものであった。このことは新自由主義が財政赤字の解消だけでなく、自民党対社会党、あるいは資本対労働の対立と妥協によって成立していた戦後の五五年体制を政権の側から解体させる目的で推進されていたことを意味する。

もう一つの特徴は、軍事を含めた国家主義の推進であった。まずはアメリカとの軍事同盟強化の路線である。一九八三年一月に中曽根は訪米し、レーガン大統領との会談で「日米は太平洋をはさむ運命共同体」という認識を表明した。『ワシントン・ポスト』紙との懇談で、ソ連の侵攻に対しては、「日本列島を不沈空母とする」と発言した。こうした日米軍事同盟強化の方針は、安全保障政策に適用される。

中曽根は防衛費のＧＮＰ一％枠撤廃を「戦後政治の総決算」の一つとして目標とした。一％枠は三木武夫内閣時代の一九七六年一一月五日の閣議で決定されていたが、一九八四年、中曽根首相の私的諮問機関「平和問題研究会」は、その撤廃を促す最終報告書を提出した。その後議論が続いたが、一九八六年末に決まった一九八七年度予算案で防衛費は一％枠を突破した。

また靖国神社の公式参拝も「国家としてのアイデンティティ」の確立を目指す中曽根にとって重要な課題であった。一九八四年一月、中曽根は首相として戦後初めて靖国神社に年頭参拝した。そして同年、藤波孝生官房長官の私的諮問機関である「閣僚の靖国神社参拝問題に関する懇談会」の答申を受けて、八月一五日に、戦後の首相として初めて公式に、靖国神社に参拝した。
こうして新自由主義と国家主義を推進した中曽根内閣は、教育改革においてもこの路線を実行することを目指したのである。

「審議会」政治としての臨教審

臨教審の設置には、「戦後政治の総決算」の一環として「戦後教育の総決算」を目指す中曽根首相の意向と同時に、一九七〇年代後半から広がった教育問題・少年問題の噴出があった。校内暴力、対教師暴力、いじめといった子ども・生徒の事件の増大に加えて、体罰、細かな校則に見られる管理教育といった教職員側の問題も大きく批判される状況にあった。

特に一九八三年には、東京都町田市立忠生中学で教員が生徒をナイフで刺した事件、神奈川県横浜市で中学生がホームレスを襲撃した横浜浮浪者殺傷事件が起こり、教育問題・少年問題の深刻さを強く印象づけるものとなって、臨教審設置の直接的な引き金となった。

こうして一九八四年八月、内閣総理大臣の諮問機関として臨教審が総理府に設置された。臨教審は文部省の外側で設置されたことに加え、特別の設置法にもとづき設置されたこと、内閣総理大臣の答申などの尊重義務、国の各行政機関の長に対する資料提出、意見開陳、説明などの協力要請が法定されているなど、教育関係審議会としては例外的な特徴をもっていたといえる。

このことは臨教審の委員の構成にも見ることができる。臨教審は委員二五人、専門委員一九人で構成されていたが、委員には教育学者や教職員団体の代表者はおらず、財界や官界（しかも大蔵省・通産省など）の代表者が多く、全体として「中曽根ブレーン」人事といえた。中曽根が多用した「審議会」政治は、自らのブレーンを多用し、その答申にもとづき首相によるトップダウンによって政治を行なう点で、「国会軽視」であるという問題点を指摘することができる。

さらにそうした手法における問題点に加えて、この「審議会」政治は、それまで与党と野党との間、行政と議会との間の交渉と妥協によって成立してきた政治的空間を無効化させる機能をもっていた。中曽根の「戦後政治の総決算」は、「審議会」政治という手法と、それの果たす機能を存分に生かす方向で推進されたのである。臨教審での議論は、教育において成立してきた五五年体制を与党の側から変革することとなったのである。

2　臨教審における自由化論の画期性

臨教審スタート後、最も注目されたのが第一部会「二一世紀を展望した教育の在り方」の香山健一によって提起された教育の「自由化」論であった。

香山の「自由化」論の内容は次のようなものである。

日本における明治の急速な追いつき型近代化、工業化、西欧化の過程において、欧米から輸入した近代学校教育制度は、国家統制と画一主義の性格を強く帯びるものであった。その理念としては近代合理主義と産業主義を中核としていた。こうした近代学校制度は今日の日本において大きな成功を収めたものであるが、現在の工業社会から脱工業社会への移行、高度情報化社会への転機においてその画一性は時代にはそぐわず、変革を必要としている。また硬直した学校制度、画一主義の教育は、子どもの「個性」や「人間性」を押しつぶし、教職員と学校から創造性や多様性、活力を奪っている。

香山は高度情報化社会という新たな時代への対応と現在の学校・教育病理を打破するという観点から教育の画一性を批判し、その自由化を推進することを主張したのである。

この香山の「自由化」論は、それまで教育において行なわれてきた議論の構図を考えると「画期的」な転換を意味していた。教育基本法の戦後における経緯でも述べたように、政府による教育政策は一九五〇年代以降一貫して、国家による中央集権化・統制の強化であった。教育委員会の公選制から任命制への移行、教員に対する勤務評定制度の実施、学習指導要領の拘束力強化、教科書検定の強化、教科書の広域採択制度などを見ればそれは明らかである。政府の審議会から教育の「自由化」がこのように大々的に提起されたのは、戦後教育においておそらく初めてのことであっただろう。

文部省 vs 日教組という対立構図を相対化

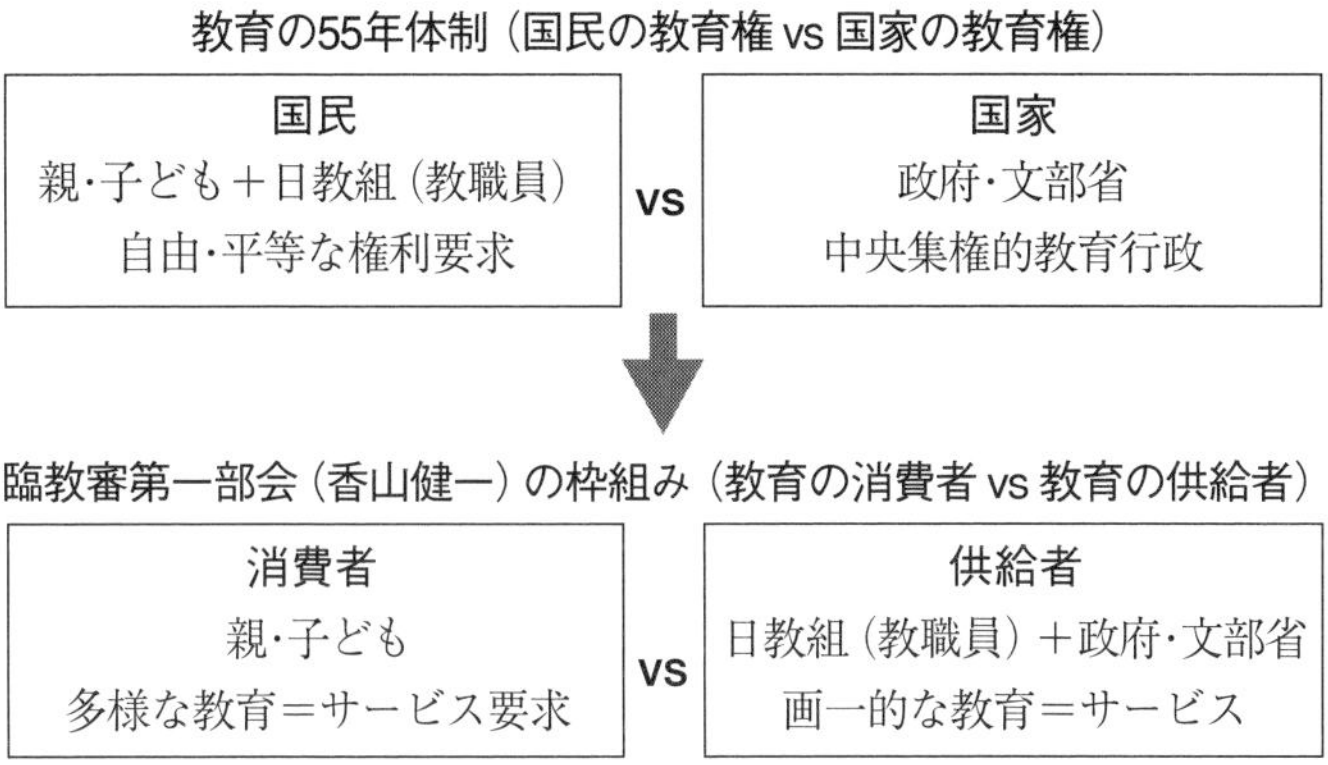

図　教育の55年体制から自由化論への移行

この「自由化」論は、画一性に対する批判を行なったばかりでなく戦後教育における政治的対立の構図をも相対化する特徴をもっていた。戦後における教育基本法や教科書検定をめぐる議論に典型的にあらわれているように、政府・文部省の教育政策が冷戦構造の枠組みのなかで展開するようになって以降は、政府・文部省による国家主義的教育政策に対して日教組をはじめとする革新陣営が反対するという関係がほぼ確立していたといってよい。

香山の「自由化」論が批判したのは戦後における教育の画一性と過度の平等性であるが、それをもたらしたものとして文部省の教育政策と日教組をはじめとする教育運動の両者を挙げている。しかも現在の管理的・画一的教育状況を成立させたという点では、その対立しているかにみえる両者が共犯関係にあるという議論を提出している。こうして文部省 vs 日教組というそれまで固定的に設定されていた対立構図を相対化したのである。

さらに香山の「自由化」論は、新たに教育における「消費者」という概念を導入した点が重要であった。教育サービスを受けとる「消費者」として国民を設定することによって、それまで文部省＝国家の教育権 vs 日教組と国民＝国民の教育権という抗争関係を、文部省と日教組＝教育の供給者 vs 国民＝教育の消費者へと変換させたのである。

「自由化」から「個性重視の原則」への移行

香山健一によって提起された教育の「自由化」論は、そのまま臨教審の答申に採用されたわけではない。「自由化」論は臨教審の内部において批判が噴出し、当時「自由化論争」とも呼ばれ大きな論争となった。「自由化」論反対の代表的論者は、臨教審第三部会「初等中等教育の改革」のメンバーであった有田一寿であった。有田は元教育長の経験を背景に、学校荒廃の最大の理由を徳育の不在に求め、教員の資質管理を推進する初任者研修の実現を図るなど、「国家主義」、「権威主義」的な発想から反自由化論を展開した。彼の主張は当時の文部省の見解をほぼ代弁していた。

この自由化論争を通して、臨教審の第一次答申において「自由化」という言葉は消え、「個性重視の原則」ということが最も重要な方針として打ち出された。ここで注目されなければならないのは、この「個性重視の原則」が、「自由化」と「国家主義」の論争を経たうえで両者を包含した概念として提出されたということである。

臨教審の第一次答申では「第4節　改革の基本的考え方」として「（1）個性重視の原則」が掲げられ、次のように記述されている。

今次教育改革において最も重要なことは、これまでの我が国の教育の根深い病弊である画一性、硬直性、閉鎖性、非国際性を打破して、個人の尊厳、個性の尊重、自由・自律、自己責任の原則、すなわち個性重視の原則を確立することである。

この部分からすれば、教育の画一性、硬直性に対する批判が行なわれ、個性重視の原則は教育の自由化という要素を強くもっているといえる。しかし同じ箇所に次のような記述もある。

個性とは、個人の個性のみならず、家庭、学校、地域、企業、国家、文化、時代の個性をも意味している。

このように個人の個性だけでなく、家庭、学校、地域、国家といった集団・団体・共同体の個性が取り上げられている。ここに有田らの反自由化論＝国家主義との協調・妥協を見ることができるだろう。有田らが「自由化」論を忌避したのは、それが彼らが考える国家・共同体の権威・美風を解体する可能性をもっていたからである。しかし「個性重視の原則」への移行は、学校の個性、国家の個性、日本人の個性という形で共同体・国家との対抗ではなく調和を意味していた。ここで国家主義の主張が汲みいれられたことがわかる。

こうして「自由化」論は国家主義派・権威主義派との論争を通して、「個性重視の原則」へと移行することとなった。それは自由化と国家主義を包含するという意味の広がりと同時にそれを支持する基盤を広げることにもなった。この変化を教育社会学者の藤田英典は、さらに人権派からの議論の受容という論点を含めながら以下のように適切に整理している。

臨教審における自由化論争は、市場の自由化論に対して、〈無責任な個人主義と無秩序な競争〉を是認するのではないかという、国家派や人権派の危惧と反論がなされ、自由化論から個性化論（個性主義、個性尊重の原則）へと変容するのだが、この変容は、自由化論に日本文化論的色彩と教育学的視点を持ち込んだ。日本文化論的色彩は主として国家派の危惧と反論とに対応したものであり、そして、教育学的視点は主として人権派の期待と理想に応えたものである。（中略）かくして、この変容により、自由化論の基本的主張は後退させられたというより、むしろ、それが受容される基盤が拡大されることになった（藤田　1993:10-11）。

臨教審の「自由化」・「個性重視の原則」はなぜ受け入れられたのか

香山によって提起された「自由化」論、臨教審の答申に採用された「個性重視の原則」は多くの論争を巻き起こした。論争の内容はそれまでの教育の審議会答申に対して行なわれてきたものとは相当異なっていた。

これまでであれば、政府・文部省によって提案される教育政策の方針は、日教組などの教職員組合や多くの市民運動団体から強い批判を受けるのが常であった。しかし「自由化」論や「個性重視の原則」は圧倒的な支持を受けたわけではないが、世論の賛否が分かれる状況となった。臨教審が中曽根内閣によって設置された審議会であることは明確であり、それに対して世論の賛否が分かれるということは、その内容が一定程度受け入れられる事情があったということを意味している。

日教組をはじめとする教育運動団体においては、教育の「自由化」は運動のスローガンの一つであった。特に「逆コース」以降の教育の反動化や教育行政による国家統制の強化に対して、教育現場の「自由化」を主張して反対運動を展開した。例えば家永教科書検定裁判に見られるように、学習指導要領や教科書検定による国家統制に対して、運動側は「教育の自由」を対置していた。実際には教育の市場化や公教育の民営化を主眼とする香山の「自由化」論と、戦後の教育運動側によって主張された教育行政に対する「教育の自由」との間には大きな差があるが、同一の言葉で「改革」が政府の側から提起されたことは、運動側に賛否両論を含めた混乱を招いたといってよい。

香山の「自由化」論のなかには、教科書検定の廃止などそれまで教育運動側が主張してきた内容も含まれていたことも混乱を助長した。臨教審答申の「個性重視の原則」となるとそれ以上に反対することは困難となった。子どもの個性を尊重することは、現場の教職員や進歩的な思想をもつ教育学者の多くがそれまで教育目標として掲げてきたことだからである。

学習指導要領や教科書検定といった画一的な教育システム、学歴社会における激しい受験競争を批判する際に、「子どもの個性」が抑圧されているという論理はしばしば持ち出された。また学校における集団主義や管理教育・体罰といった教育実践レベルにおける問題を告発する際にも、子どもの個性を尊重することの重要性が主張されたのである。

こうした状況において、臨教審答申の「個性重視の原則」をこれまでの自らの議論を問い直すことなしに、教育運動の側が内在的に批判することは困難であった。その批判の多くは、臨教審は「個性重視の原則」を唱えてはいるが、それは政府による表向きのスローガンに過ぎず、「絵に描いた餅」に過ぎないという外在的なレベルでの批判に止まっていたといえる。教育を受ける市民の側にも「自由化」や「個性重視の原則」を受け入れる基盤としての消費者意識が広がりつつあった。これには戦後における教育拡大のプロセスからその要因を探ることが有効である。

平等性から卓越性へ――転換した高校進学の意味

一九五〇年代、保守政治の側による復古主義的な国家統制を強める教育政策が実施されるようになった後、一九六〇年代に入ると高度経済成長に対応する人材養成という財界の意向を反映して、教育政策は能力主義を基調とするようになった。具体的には工業科を中心とする職業高校の増設、公立高校全日制普通科の通学区拡大など、高校の多様化と競争拡大を促進するものであった。

一方、教育運動の側は、国家統制に対して「教育の自由」を主張する「国民の教育権」論を基軸とする反対を展開すると同時に、市民のなかで高まる教育要求を受けて、高校への希望者全員入学を求める「高校全入運動」を一九六〇年前後から起こしていった。この運動のなかで、一九六〇年代には五〇％台に過ぎなかった高校進学率は急上昇し、一九七〇年代半ばには九〇％を越え、高校進学はほぼ普遍化した。一九六〇年代は公立高校を上回る私立高校入学者の増加によって、一九七〇年代に入ると革新自治体などによる公立高校増設が進学率上昇を促進させた。

ここで注目されるのは実際の高校進学率の上昇が政策側の計画より早く進んだことである。高校教育の普遍化は、日本においては政府の教育政策によるというよりはむしろ、人々の「私的な」教育要求に依拠した教育運動によって達成されたのである。教育拡大がこのような人々の「私的要求」によって達成されたという歴史的経験は、教育を「公共的」な営みではなく、「私的」な欲求を実現するためのものとして捉える背景をつくりだしたといえる。

しかし、この時期の教育要求は、「高校全入運動」にも見られるように、希望する者全員に高校教育を受けさせるべきだという「平等」を志向するものであった。それは一九五〇年代から一九七一年の中教審答申まで繰り返し出された政府の職業教育重視の高校多様化政策が、市民など下からの教育要求によって覆され、普通科中心の構造がつくられたことからもわかる。

この状況は一九七〇年代半ばに高校進学率が普遍化して以降、変化をすることとなる。高校進学への機会がほぼ国民全員に開かれた後、学歴社会化の進展や大学進学率の上昇のなかで「高校に行けるか否か」は社会的課題としてはほぼ消滅し、「どこの高校へ行くか」ということが主要な関心事となっていったのである。高校進学は「みんなと同じように高校に行く」＝「平等へ向けての進学」から「他人より上位の高校へ行く」＝「卓越へ向けての進学」という意味を強くもつものとなった。偏差値がこの時期以降において強力な影響力をもったのは、高校進学のもつ意味の転換と人々のまなざしの変化が深く関わっているといえる。

ここでの変化は教育の「平等性」ではなく、「卓越性」を求める価値意識の増大をもたらした。特別のカリキュラムを組み、大学進学率の高さを売り物にする私立の中高一貫校が多数登場し、より良い学校を目指す進学競争が小学校の段階から激化することとなる。塾・予備校などの受験産業が爆発的に増加した。石油ショックから早期に立ち直った経済成長による家計所得の増大がそれを支えることとなった。

教育における消費者意識の成立とサービス産業の枠組みで語られる学校

こうした商品化・市場化によって、教育の「私事化」（privatization）は急速に進み、「費用は自己で負担し、その成果は自分で受け取る」という人々の消費者意識が定着することとなった。平等で画一的な公立学校を忌避し、私立学校や受験産業の卓越したサービスを好む意識の浸透は、「自由化」論や「個性重視の原則」を肯定的に受け入れる基盤をつくっていったのである。

一九七〇年代以降の教育問題の噴出も、消費者意識の浸透に深く関わっている。高校教育の普遍化と学歴主義秩序の定着のなかで、校内暴力やいじめ、不登校、体罰などの事件が頻発した。これらの問題の浮上は、教育における議論の焦点を文部省 vs 日教組という教育行政と教育現場の関係から、教育の実践者（学校・教職員）vs 教育の受け手（生徒・親）の関係へと移すこととなった。この時期の教育問題の登場は、市民運動を中心に新たな教育運動の展開を生み出し、親・子どもの教育権という認識の深まりは、学校教育への批判・参加の拡大へとつながった。しかしこの時期の爛熟した消費社会のなかで、多くの人々はこの教育問題を権利者としてではなく、消費者として受けとめることとなった。マスコミの報道などを通して「学校たたき」や「教職員たたき」が広範に行なわれ、教育病理は教育の供給者（＝学校・教職員）の消費者（＝親・子ども）に対するサービスの低劣さの問題として認識されていったのである。

こうして一九七〇年代まで教科書検定制度をはじめ主要な争点となってきた教育行政と教育現場と

の政治的対立は不可視化され、教育問題の焦点はもっぱら学校・教職員と子ども・親との間で起こるトラブルとして扱われるようになった。高階層の家庭を中心に、「画一的な」管理教育や質の悪い「公立学校」が子どもの「個性」を奪っているという意識（真偽のほどは別にして）の広がりが、「個性的な」私立学校への人気につながり、塾などの受験産業が隆盛を極めるという現象が起こったことは、「自由化」論や「個性重視の原則」が受け入れられる素地をつくった一例といえるだろう。

香山健一の「自由化」論、「個性重視の原則」の本質と問題点

このように、政府の審議会からこの時期まで出された議論としては例外的に多くの支持を得た「自由化」論や「個性重視の原則」であるが、果たしてその本質はどのようなものであったのだろうか。香山の唱えた「自由化」論はすでに述べた新自由主義に基づくものであった。社会経済システムの一つである教育への政府の介入を排し、市場原理によってこれを運営していくこと、つまり教育への市場原理の導入であった。

また新自由主義は公共部門の縮小、特に教育予算のカットを進める。当時の教育の現状からすれば、選ばれる政策は公教育の民営化よりも先に、すでに発達していた塾などの受験産業を教育システムの中心に据えることで公教育の縮小を図ることになる。それは経済的に貧しい人々の均等な教育要求に応えるかたちで整備されてきた公教育制度の後退を招くことであり、彼らの権利を奪うことを意味す

る。つまり、すでに進んでいる教育の私事化をさらに促進し、教育費用の受益者負担の論理を拡大することで、低階層の人々の教育機会・権利は剥奪されていくことになるだろう。さらに、「自由化」＝「市場化」は効率化や利潤追求の論理を持ち込むことになり、教育固有の価値を解体していく。自由競争によって活性化を図るというが、教育の価値をそのような企業ベースの経済的基準で判定することができるだろうか。

香山の「自由化」論の問題点は、教育問題を引き起こしているという「画一性」の要因を公教育制度のみに押し付けていることである。

教育の「画一性」をもたらしたのは、中央集権的な教育政策、学習指導要領や教科書検定といった教育行政のあり方、企業採用と結びついた一元的な学歴社会秩序とそれに対応した受験競争の高まりなどにあるのであって、公教育制度のみに問題性を見出すのは適切とはいえない。公教育制度こそが「画一性」の原因をつくっているとして、そこに選択の自由や競争原理を導入することは、教育における「自由競争」を拡大し、結果としてエリート養成と弱者切り捨てを促進するだろう。この点を見ると香山の「自由化」論が、行政改革の一環として公教育削減を求める政府と、「国際化」「情報化」への対応を求める財界の要請によく合致したものであることがわかる。

注意しなければならないのは、臨教審が教育問題をもたらす原因として挙げているのは教育の「画一性」であって、「画一的な競争」ではないことである。香山の「自由化」論では、ある部分の「画一性」は打破されるかも知れないが、「競争」はおさまるどころかさらに拍車がかかることは間違いない。それでは教育問題を生み出しているとされる競争構造を是正することはできないのである。「自由化」論と国家主義との結合として登場した「個性重視の原則」についても同様のことがいえる。「個性重視の原則」は、「我が国が二一世紀に向けて、創造的で活力ある社会を築いていくため」と答申にもあるように、国際化や高度情報社会化時代において国家が勝ち抜いていくための方針として採用されている。ここでの「個性」とは、時代に対応した競争力のあるもののみが想定されているといえるだろう。「個性」の間に評価されるものとされないものがあるということは、そこに序列が存在し、「個性重視の原則」は個人の多様性・多元性を本質的に認めないことになる。

さらに個性については臨教審第一次答申において次のような記述がある。

それぞれの個性は相互に無関係に孤立しているのではない。真に自らの個性を知り、それを育て、それを生かし、自己責任を貫くもののみが、最もよく他者の個性を尊重し、生かすことができるのである。

このように「個性重視の原則」は、「自己責任」の強調と結びついている。二一世紀の創造的で活力ある社会に貢献する強い「個性」が求められるだけでなく、結果の「自己責任」が必要とされる。

「自由化」や「個性重視の原則」によって推進される新自由主義は、子どもの出身階層間による教育達成の格差を拡大するという「機会不平等」を生み出すと同時に、教育達成の結果責任をその本人に要求する。

教育を受ける市民の多くが教育の「消費者」としておだてられているうちに、不公平なレールを走ることを余儀なくされ、社会の下層に追いやられた結果を「自己責任」として甘受せよというのが、「自由化」論、「個性重視の原則」の本質なのである。

3　臨教審答申の実現過程――一九八〇年代終盤以降における新自由主義の進行

初任者研修制度の導入

臨教審における「個性重視の原則」は、幅広い支持を受けたものの、すぐに具体的な政策として実行されたものは数多くなかった。そのなかで注目されるのが初任者研修制度の導入である。

これは初等中等教育における条件付採用期間をそれまでの六カ月から一年に延長して、教諭の職務の遂行に必要な事項に関する実践的な研修の実施を義務づけ、初任者研修を担当する指導教員を置くこととなった。研修内容は基礎的教養、学級経営、教科指導、道徳、特別活動、生徒指導など教諭としての職務全般にわたるものであり、日常の教育活動に従事しながら、学校の内外で研修を受けることなる。これは教育問題との関係で高まる「学校たたき」や「教職員たたき」への対応として「教員の資質向上」というスローガンの下で進められた政策であった。

市民の消費者意識への高まりに対応した国家・政府による教員への統制強化になる可能性もある初任者研修制度の導入は、臨教審の方針である新自由主義と国家主義の結びつきを典型的に示している。初任者研修についての賛否は分かれるかも知れないが、財政的サポートの充実による学校・教育条件の整備、教員の労働条件の改善などを進めることなく、初任者研修制度の導入が真っ先に進められたことは、教員個人の資質に問題を還元する「自己責任」の論理がここでも強く働いていることがわかる。

遅れてきたグローバル化

新自由主義改革が一九八〇年代終盤になるまで本格的には進まなかった背景には、日本企業の多国籍企業化・グローバル化の遅れがある。第二次世界大戦期に形成された戦時動員体制(1)と戦後の高度経済成長は、国民経済を支える強固な企業中心社会、「日本的経営」と呼ばれることの多い企業統合システムを構築した。職種と熟練を問わず、学校を卒業したばかりの若者を正規採用する新卒一括採用システムは、日本の企業社会と学歴主義との関係を考えるとき重要なポイントとなる。職種と熟練を問わないということは、労働技能の養成が企業内部で行なわれることと結びついている。

また一九五〇年代から六〇年代にかけて民間大企業の労働組合の多くは、それまでの激しい労資対立から協調路線をとるようになり、企業による技術開発・合理化・競争主義に規制をかけて雇用と生活を守るのではなく、積極的に企業の成長に協力することによって所得を増大させることを目指した。このことが一九六〇年代の高度経済成長をもたらした要因の一つである。

高度経済成長期を通して整備されていった企業が提供する社宅・持家低利融資・通勤費などの土地・住宅関連支出の充実、退職金や年功序列型の賃金制度は、男性労働者の長期雇用への志向を強め、企業への忠誠心を高めた。これらの企業福祉の充実による忠誠心の高まりと長期雇用により、激しい競争主義を担える安定した質・量の労働力の維持に貢献すると同時に、税配分のあり方など労働者の社会的・政治的関心の衰退を招いたことも否めない。

こうした企業福祉の充実した大企業が、出身学校・学校の推薦・学力テストによる新卒一括採用システムを実施することによって、学歴主義の大衆化が急速に進んだ。高度成長期、企業は画一的で良質な労働力予備軍を大量に必要としたのであり、それが学校における画一的な学力をめぐる競争、生活指導を含めた集団主義的な教育を生み出してきたのである。

こうして高度経済成長を通して成立した企業中心社会は、一九七〇年代に入ってドルショック、石油ショックという世界的な経済危機に見舞われた。これに対して日本企業の多くは、労働組合の協力のもとに賃金上昇を抑制し、さらに出向や配置転換などによる減量経営・合理化を行なっていった。

合理化や競争主義の高まりによって、一九七五年以降、日本は先進諸国のなかで例外的に労働時間が増加に転じるなど過剰労働が広がり、一部では過労死といった悲劇を招くこととなった。一方、女性パート労働やアルバイト労働など周辺労働の拡大という人件費カットを行ないながら、男性基幹労働者というコアの部分の長期雇用は維持されることとなった。アメリカやヨーロッパ諸国の企業が安い人件費とより良い投資環境を求めて、多国籍化・グローバル化したのに対して、日本においては、それまでの企業システムの特徴を一層強化する形で、国民経済の枠組みを一九八〇年代の間かなりの程度維持することとなったのである。

臨教審答申の時期は、まだ経済のグローバル化は緒についた段階であった。企業の多くは画一的・均質的な新卒労働力を依然として求めていたのであり、臨教審答申の「自由化」論や「個性重視の原則」とはズレがあったのである。

新自由主義を推進した一九八五年以降の急速なグローバル化・多国籍化

この状況を変化させたのは、一九八五年の「プラザ合意」の成立以降における日本企業の急速なグローバル化・多国籍化である。「プラザ合意」とは先進五カ国蔵相会議によるドル高是正へ向けての方針決定であった。各国の通貨当局はこの後、市場に協調介入し、当時一ドル二四〇円台であった円相場が、一九八七年二月には一四〇円台に達するという急激な円高＝ドル安が進行した。このことは日本経済の好調を支えていた輸出企業にとって、とても不利な状況が成立したことを意味していた。これ以後、自動車、電機など日本の輸出企業群は国外へと進出し、海外生産に大きく比重を移動させていった。日本の大企業は一九八〇年代半ば以降、急速に海外に進出し、一九九〇年代には本格的に多国籍化・グローバル化することとなった（後藤　2002）。

日本企業のグローバル化は国内雇用のあり方にも大きな影響を及ぼす。グローバルな競争にさらされることで、企業は収益率の低下に対する危機感を強くもつようになった。特に一九八〇年代になされた欧米企業のリストラによって、日本企業の競争力が相対的に低下しているのではないかという危機意識の拡大は、企業内雇用コストへの削減圧力となった。具体的にはこれまで日本企業の競争力を支えていた男性基幹労働者層のスリム化・格差化、企業内福祉の見直し、さらなる周辺労働の拡大によるコストの削減であった。

こうした企業の方針転換は、競争力を高めるための法人税の減税などの税制における新自由主義改革への期待を生み出すと同時に、これまでの画一的・均質的な労働力育成を支えてきた平等主義に基づく教育制度やそれによって生まれる大衆意識が、賃金水準を押し上げ、高コスト構造をつくり出しているという批判を生み出すこととなった。

こうして企業・財界は一九八〇年代終盤以降、平等主義に基づく教育制度、特にそれを支える公教育制度の再編・スリム化を打ち出していった。それは高等教育に始まり、ついには義務教育段階の縮小、学校の「スリム化」までが主張されるようになった。一九九〇年代、文部省はこのような企業・

財界の意向を受けて、それまでの「自由化」や「個性化」に警戒的な姿勢を変え、新自由主義政策を次々と行なっていくこととなった。

4　一九九〇年代の新自由主義改革――労働者の差別化・公教育の縮小・優生思想

労働者の差別化

一九九〇年代の日本企業における雇用のあり方の転換を示すものとして、日経連が出した文書『新時代の「日本的経営」』がある。この文書では表1にあるように従業員の三グループ分類（＝差別化）が提案されている。『新時代の「日本的経営」』では次のように述べられている。

昇進・昇格	福祉施策
役職昇進 職能資格 昇格	生涯総合施策
業績評価	生活援護施策
上位職務への転換	生活援護施策

雇用は好むと好まざるとにかかわらず、流動化の動きにある。……今後の雇用形態は、長期雇用という考え方に立って企業としても働いてほしい、従業員も働きたいという長期蓄積能力活用型グループ、必ずしも長期雇用を前提としない高度専門能力活用型グループ、働く意識が多様化している

表１　日経連の構想する従業員の三分化

	雇用形態	対　象	賃　金	賞　与	退職金・年金
長期蓄積能力活用型グループ	期間の定めのない雇用契約	管理職、総合職、技能部門の基幹職	月給制か年俸制職能給昇給制度	定率＋業績スライド	ポイント制
高度専門能力活用型グループ	有期雇用契約	専門部門（企画、営業、研究開発等）	年俸制業績給昇給なし	成果配分	なし
雇用柔軟型グループ	有期雇用契約	一般職技能部門販売部門	時間給制職務給昇給なし	定率	なし

出所）熊沢誠『能力主義と企業社会』岩波新書、1997年（日経連『新時代の「日本的経営」』1995年より）

雇用柔軟型グループに動いていくものと思われる。

戦後の企業における労働者の競争構造の成立を明らかにしてきた熊沢誠（労使関係論）が言うように、これはあたかも「自然の成行き」でもあるかのように書かれているが、このような正社員労働者の分類・差別的処遇のあり方が提言されたことは、それまでのいわゆる「日本型経営」の根本的転換を意味しているといってよい。正社員労働者の一本的処遇をやめ、終身雇用と年功賃金制の基幹労働者と有期雇用の周辺的労働者に分割することがここでは目指されている。画一的・均質的な労働力や長期雇用・企業内福祉によって生み出される〈忠誠心〉など、これまで日本企業の競争力を支えてきた労働力のあり方、雇用形態、企業統合システムに代わる新たな雇用・労働力政策が打ち出されているのである。

こうした雇用・労働力政策からすれば、平等主義に基づく国民大衆に開かれた教育制度は必要なくなり、一部のエリートと多数のノン・エリートを効率的に作り出すことのできる新自由主義政策が適合的であることは明白だろう。

公教育のスリム化

そうした企業・財界の新自由主義改革への志向は、経済同友会によって出された文書『学校から「合校」へ』（一九九五年）に見ることができる。「合校」というのは現在の学校の機能を「基礎・基本教室」と「自由教室」、「体験教室」の三つに分類し、それがネットワークの形で緩やかに統合されたものとされている。

「基礎・基本教室」では「言語能力」と「論理的思考能力」、日本人としてのアイデンティティを育む教科に絞り込む。全国一定の内容と水準を確保する必要から、文部省はこの「基礎・基本教室」のみに責任をもつ。「自由教室」では芸術教科や自然科学、人文・社会科学の学習を行なうが、これは個性的なカリキュラムで親の選択を認める。教員以外の専門家も参加するということになっている。「体験教室」は子どもたちの自然との触れ合いなどを行なうものであるが、ここでも地域の職業人や高齢者の参加が提言されている。「自由教室」や「体験教室」では外部の教育機能を柔軟に取り込む（アウトソーシング）ことが打ち出されているように、実際には塾やカルチャーセンターなどの民間活力、地域のボランティアによって運営されることが予測されるのであり、公教育の徹底したスリム化論が展開されていることがわかる。

その後、政府・財界による新自由主義改革構想の発展を示したものとして、小渕恵三内閣の委嘱による「21世紀日本の構想」懇談会（座長・河合隼雄）が出した最終報告書『日本のフロンティアは日本の中にある――自立と協治で築く新世紀』がある。

ここでは教育を「統治行為としての教育」と「サービスとしての教育」の二つの機能に分けて論じている。そして国民に共通内容を要求する「統治行為としての教育」として義務教育の教育内容を五分の三にまで圧縮し、義務教育週三日制を提案している。それ以外の教育として民間活力の活用が打ち出されている。

要するに国家のための教育のみを公的なシステムで行ない、その他の部分は民営化、つまり自己負担で教育を受けなければならないということである。

権利から義務へ――国家の統治行為としての教育

これは公教育の縮小／スリム化を過激に打ち出したものであるといえるが、公教育の機能として「統治行為としての教育」という考え方にも注意する必要がある。『日本のフロンティアは日本の中にある』には次の記述がある。

第一に忘れてはならないのは、国家にとって教育とは一つの統治行為だということである。国民を統合し、その利害を調整し、社会の安寧を維持する義務のある国家は、まさにそのことのゆえに国民に対して一定限度の共通の知識、あるいは認識能力をもつことを要求する権利をもつ。共通の言葉や文字を持たない国民に対して、国家は民主的な統治に参加する道を用意することはできない。また、最低限度の計算能力のない国民の利益の公正を保障し、詐欺やその他の犯罪から守ることは困難である。合理的思考力の欠如した国民に対して、暴力や抑圧によらない治安を供与することは不可能である。そうした点から考えると、教育は一面において警察や司法機関などに許された機能に近いものを備え、それを補完する機能を持つと考えられる。義務教育という言葉が成立して久しいが、この言葉が言外に指しているのは、納税や遵法の義務と並んで、国民が一定認識能力を身につけることが国家への義務であるということにほかならない。

ここでは驚くべきことに、教育基本法において尊重されているはずの「教育を受ける権利」という発想は完全に捨て去られている。教育は警察や司法機関と並んで、治安の維持や統治を行なうための機能として位置づけられている。公教育の縮小という形で国家・政府の負担・責任を極小化しながら、個人の「自己責任」や義務を強調するという新自由主義の論理がここでは典型的に展開されているのである。

新自由主義を支える優生思想

さらに新自由主義を支える優生思想の広がりがある。新自由主義の進行に対していち早く着目し、綿密な取材と優れた考察を展開した斎藤貴男『機会不平等』には、次の二つの衝撃的なインタビュー証言がある。

まずは三浦朱門（前教育課程審議会会長、以前文化庁長官も務める）の証言である。

「学力低下は予測し得る不安と言うか、覚悟しながら教課審をやっとりました。いや、逆に平均学力が下がらないようでは、これからの日本はどうにもならんということです。つまり、できん者はできんままで結構。戦後五十年、落ちこぼれの底辺を上げることにばかり注いできた労力を、できる者を限りなく伸ばすことに振り向ける。百人に一人でいい、やがて彼らが国を引っ張っていきます。限りなくできない非才、無才には、せめて実直な精神だけを養っておいてもらえばいいんです。（中略）

平均学力が高いのは、遅れている国が近代国家に追いつき追い越せと国民の尻を叩いた結果ですよ。国際比較をすれば、アメリカやヨーロッパの点数は低いけれど、すごいリーダーも出てくる。日本もそういう先進国型になっていかなければいけません。それが〝ゆとり教育〟の本当の目的。エリート教育とは言いにくい時代だから、回りくどく言っただけの話だ」（斎藤 2000:40-41）

もう一つは江崎玲於奈（教育改革国民会議座長）の証言である。

「人間の遺伝情報が解析され、持って生まれた能力がわかる時代になってきました。これからの教育では、そのことを認めるかどうかが大切になってくる。僕はアクセプト（許容）せざるを得ないと思う。自分でどうにもならないものは、そこに神の存在を考えるしかない。その上で、人間のできることをやっていく必要があるんです。

ある種の能力の備わっていない者が、いくらやってもねえ。いずれは就学時に遺伝子検査を行い、それぞれの子供の遺伝子情報に見合った教育をしていく形になりますよ」（斎藤 2000:12）

両者とも露骨な差別主義に基づく優生思想を表明している。教育課程審議会や教育改革国民会議といった一九九〇年代の教育改革を推進してきたグループの代表によるこれらの「本音」は、「ゆとり」や「個性化」という表面的には美しいスローガンで行なわれている新自由主義改革の差別性を明確に示しているといえる。

5　一九九〇年代教育における新自由主義改革の問題点

こうして一九九〇年代には教育の新自由主義改革が次々と進行していった。ここではその代表的な改革を三つ取り上げ、その問題点を考察することとする。

ゆとりを生み出さなかった「ゆとり」教育

新自由主義改革によって推進される公教育の縮小・スリム化であるが、ここでも「自由化」が「個性重視の原則」と言い換えられたのと同様、教育学的・人間的な粉飾が施された。「ゆとり」教育というスローガンの登場である。公教育のスリム化も、縮小やリストラと比較すればイメージを良くする言い方に違いないが、「ゆとり」という言葉になると、そこに精神的・心理的要素が加わることになる。また画一的な受験競争に追い込まれている子どもや、多忙化に苦しんでいる教職員といった学校現場の問題を解決する方針の一つとしても、「ゆとり」というのは多くの人々にとって反対することが困難なスローガンであるといえた。

「ゆとり」は、一九七七年の学習指導要領改訂において新設された学校自由裁量の時間（「ゆとりの時間」）をさす言葉として登場した。「ゆとり」は学習指導要領全体の方向としても推進され、小中学校における授業時数の削減、指導内容の精選が推進された。

「ゆとり」教育は、一九九〇年代に入るとさらに加速度を増して進められた。一九九二年、学校週五日制が毎月第二土曜日を休業日として始まった。一九九六年の第一五期中教審第一次答申「二一世紀を展望した我が国の教育の在り方について」では「生きる力」の育成と「ゆとり」の確保が提起された。

この中教審答申を踏まえて、教育課程の基準の改善を議論する教育課程審議会が、一九九八年七月に「幼稚園、小学校、中学校、高等学校、盲学校、聾学校及び養護学校の教育課程の基準の改定について」答申をまとめた。ここでは「ゆとり」教育のために、小・中学校の年間授業数を七〇単位時間削減し、現行より三割前後削減することが打ち出されている。この答申を受けて改訂された新学習指導要領が、小・中学校では二〇〇二年度から完全学校週五日制とセットで実施され、高校では二〇〇三年度から学年進行で実施に入ることとなったのである。

この二〇〇二年度から小・中学校で始まった新学習指導要領と完全学校週五日制は、臨教審以降における「ゆとり」教育政策の一定の到達点を示したものといってよい。さて、これによって「ゆとり」は生まれるのかというと筆者にはそうは思われない。

新学習指導要領による学習内容の削減はあるが、完全学校週五日制による授業時数の削減とセットで行なわれることから、授業を進めるスピードはそれほど変わることはない。理解に時間のかかる子どもにじっくり教えるという「ゆとり」はこれでは生まれないであろう。

また部分的には弾力化の試みはあるものの、一学級あたりの生徒人数は、ヨーロッパ諸国やアメリカなどが一五～二五人であるのに対して、四〇人と多いままであり、生徒一人ひとりへの配慮を行なうことは困難であるに違いない。

そうはいいながらも、新学習指導要領による学習内容の削減によって「ゆとり」は生まれるのではないかと考える読者もいるかもしれないが、その可能性も少ないと筆者は考える。なぜならこれまですでに、一九七七年、一九八九年の学習指導要領の改訂により二度にわたって学習内容が削減されてきているにもかかわらず、「ゆとり」が生まれるどころか、激しい受験競争や詰め込み教育に大きな変化はなかったからである。

ここで考えなければならないのは、子どもの受験競争を規定しているのは学習指導要領ではなく、入試問題に答える力、受験に必要な学力であるということである。戦後確立した企業中心社会において、一九七〇年代には有名大学を頂点とする強固な学歴社会の構造が成立していた。「よりよい」学校を目指す風潮が強いなかでは、学習指導要領改訂による教育内容の削減は「ゆとり」に結びつかない。選抜を行なうための受験問題のレベルが高いままでは、それに対応するための競争が行なわれるのであり、そのことは一九七〇年代以降、小中学生の塾通いが全国的に増加していることからも明らかであるだろう。

また、こうした学習内容の削減が実施された公立学校に対して、多くの私立学校はそれを行なわず、受験にそなえる方針を採用した。入試選抜を行なうと同時に公立中学・公立高校とは異なるカリキュラム（受験教科の時間数を多くするなど）を組むことによって、六年間の中高一貫教育を行なう私立学校が東京大学をはじめとする難関大学の入試において圧倒的に優位になることとなった。このため都市部を中心に、こうした私立中学受験のための小学校における塾通いが急増した。高校受験から中学受験へと受験の「早期化」が進行し、皮肉なことに「ゆとり」教育の推進によって小学生の「ゆとり」はむしろなくなっていったといえる。

さらに「ゆとり」教育によって生み出された問題は、これが子どもの出身階層による教育達成の不平等を拡大したことである。塾などの受験産業を利用するためには当然高い費用がかかるのであり、その費用を負担することのできる家庭の子どもが受験競争において有利になることは明らかだろう。こうした経緯を考えると「ゆとり」教育の本格的実施が行なわれた今回の学習指導要領改訂と完全学校週五日制は、子どもの「ゆとり」を生み出さない。むしろ、現在の受験競争の構造をそのままにした完全学校週五日制の実施という学校の「スリム化」は、休日に学校外の教育機関を利用できる家庭の子どもと、そうでない子どもとの間の格差を一層拡大する可能性が高い。

教育の個性化という名の管理強化

教育の個性化は、教育現場においては古い学力観から新しい学力観への移行という形で導入された。

新しい学力観とは一九八九年の学習指導要領改訂において提起された概念であり、これまでの古い学力観が「知識・理解」のみを重視してきたのに対して、子ども一人ひとりの「関心・意欲・態度」を重視していくという考え方である。これは「知識・理解」という古い学力観が、学歴社会における受験競争と結びついて、子どもを一元的な価値で序列化することに対する批判として打ち出されているといえるだろう。それに対して「関心・意欲・態度」など子どもを多面的に評価することが大切だという考え方が、この「新しい学力観」に対する支持になっているといえる。しかしこうした「新しい学力観」による教育実践は子どもの個性を尊重することになるだろうか。

まず注意しなければならないのが、「新しい学力観」の導入という形で行なわれたことによって、教育の個性化が「個性を尊重する」ことではなく、「個性を教育する」という意味に転換したということである。そこでは個性という一人ひとりの人格や内面と関わる問題を、学校という教員―生徒間の権力関係が発生することが避けられない場で教育することになった。「個性」を誰が、どのように評価するのかという問題がそこに発生する。実際に学校教育において「個性化」が推進され、「関心・意欲・態度」などの向上が望まれる以上、それは実践としては教員から生徒へと集合的に行なわれ、その結果が教員によって評価されるという一連のプロセスを経ることになる。教育として行なわれる限りは、望ましい「関心・意欲・態度」のあり方が当然設定され、評価の段階ではそれを基準としてそれぞれの個性のあり方を採点（＝序列化）することになる。学校における評価に親和的な「関心・意欲・態度」

をもっている生徒・学生は有利となるし、そうでない学生は低い評価を受けるか、あるいは望ましい「関心・意欲・態度」へと自らを適合させ、それを絶えず表明することを強いられるであろう。つまり「教育の個性化」というスローガンによって、実際には個性の一元的序列化が進行しているのである。

またこの「教育の個性化」は子どもの個性化ばかりでなく、学校の「個性化」＝「特色ある学校」づくりという形でも行なわれている。そのために各学校における校長の権限強化が推進されている。これも学校の「個性化」とは齟齬をきたす可能性が高い。

権限の強化によって各校長の個性を発揮しやすくすることで「特色ある学校」を目指す方向と同時に、教員の資質向上が叫ばれ、校長をはじめとする管理職・教育委員会による人事評価の導入が進められている。しかしこれも評価の方法をよほど注意しない限り、生徒への評価同様、各教員の「個性」を一元化（＝序列化）してしまう可能性が高い。校長のリーダーシップのもとに教職員が一丸となって各学校の特色がうまれるということが学校の「個性化」だとしたら、それは教職員一人ひとりの「多様性」や「個性」、さらには生徒一人ひとりの「多様性」や「個性」を奪うことになるだろう。

さらに深刻なのはこうした「関心・意欲・態度」といった「新しい学力観」による個性の評価は、知識・理解以上に個々の生徒・教員の人格に介入する内面支配につながる可能性が高いということである。知識的能力だけではなく、個性という多様な能力を尊重しようという「教育の人間化」が、学校・教育による人格や内面の管理という「非人間的支配」を推し進めるという逆説がそこには存在している。

一九八九年の学習指導要領では、課外活動や学外でのボランティア活動を評価に加えることも提起された。その後、「心の教育」の具体化としての『心のノート』による教育や「生きる力」育成を目指しての「奉仕活動」の導入を見ればわかるように、「教育の個性化」の名の下に子どもの内面や行動全体に対する教育支配の強化が進行しているのである。

学校の序列化と競争を激化させる学校選択自由化

新自由主義改革の一つとして導入されたのが、小学校・中学校という義務教育段階での学校選択の自由化である。一九九九年に東京都品川区が公立小学校を対象として保護者の学校選択権を認め、その後いくつかの自治体が追随する動きを見せている。また同年から公立中高一貫教育が導入され、これは公立中学校における選択の自由化であるといえる。

これまでの画一的な学校教育・教育実践を打破し、個性的な学校教育を進めるために生徒・親に学校を選択する権利を行使させる。親・生徒は各学校の「個性」を見極めて選択を行なうから、それぞれの学校は彼らに選ばれるために自らの「個性」を打ち出す必要に迫られる。そして個性的な学校教育・教育実践を意欲的に行なうことになる。こうした過程で学校教育の個性化が進むというのが、「学校選択の自由」導入論者の言い分である。

しかしこうした学校選択の自由化によって、果して学校の個性化は進むのだろうか。これは教育を商品に見立てて、学校＝生産・販売者、親・生徒＝消費者という関係をつくり出す点で公教育に市場原理を導入する改革であるといえる。こうした市場原理の導入による自由化は、教育の個性や自由を自動的に保障するわけではない。

「学校選択の自由」導入論者の論理によれば、消費者である親・生徒が各学校の「個性」を吟味し、多様な選択を行なうことが前提とされている。しかし現在のように学歴社会の一元的序列が人々の意識のレベルで強く存在している場合、親・生徒の教育要求が多様になる可能性は低い。親・生徒の教育要求が学歴主義に基づく画一的なものである場合は、多くの学校がその要求に応えるために一元的な競争（例えば、学業成績向上を目指して）をすることになる。これでは各学校の個性は生まれず、序列化だけが進むことになる。

また学校選択の自由化は、小中学校における生徒の競争をより激化させる。選択の自由が実現すれば、「よりよい教育」をもとめて、特定の学校への入学競争が激しくなる。学力による入学試験をたとえ行なわないとしても、そこには必ず選抜が生じる。学力選抜をしなければエリート校にならないという議論があるが、それは妥当性をもたない。面接や作文、小学校時代の活動歴などを判定材料にするとしても、それはより「優れた」生徒を集めることになるのであり、その結果が学力選抜を行なう場合とかなりの程度重なることは、理論的にも経験的にも明らかであるからである。

特に中高一貫校の多くは、それ以外の中学・高校以上の予算配分や教職員の加配が行なわれる。学校選択と中高一貫校制度が結びつくことで、全国に公立の「エリート小学校」や「エリート中学校」が出現することが容易に予測される。それは現在都心部やその周辺部で激化している有名私立・国立小中学校の入試競争を全国規模で拡大することとなるだろう。そして現在有名私立・国立小中学校と公立小中学校との間に存在するレベル格差は、公立小中学校の間にも明確に存在するようになり、そこでの序列化が進行する。

そしてその序列をめぐる入学競争が激化する。「学歴信仰」や「受験競争」の弊害を指摘し、その打破を主張していた臨教審答申とは完全に矛盾する結果となる可能性は極めて高い。

さらに、学校選択の自由化は教育における機会の不平等化、社会の階層化の促進、小中学校教育の荒廃をもたらすだろう。小中学校段階における学校選択は、子どもの年齢からいっても実質的には親が行なう可能性が極めて高い。親による「選択」能力は決して平等ではない。教育への関心度やそれを支える文化資本・経済資本の質と量がその能力を決定的に規定している。良い学校についての情報を収集し、そこへ進学するための準備を行なうという各家庭の「教育戦略」が、子どもの低年齢の段階から展開することとなる。そこでは、高等学校以上の教育段階よりも、出身階層による影響が大きく反映するだろう。

こうした競争が導入され、小中学校の序列化が進むと、学校ごとの教育レベルの格差が広がる。階層の低い家庭の子どもは、より低いレベルの学校へ小中学校から通う率が極めて高くなる。それは今後、これまで義務教育段階においては多くの人がほぼ同レベルの教育を受けることが可能であった教育機会を、不平等化することになる。またさらに学校の序列化はエリート校を生み出すばかりでなく、小中学校段階でも学力の相対的に低い「底辺校」を生み出す可能性が高い。そうした学校では困難な教育活動を強いられることとなるだろう。

またこうした学校選択の自由化が、公教育のリストラ策の一貫として推進される可能性を見ておく必要がある。学校選択によって生徒を集められない学校は予算が削減されるばかりでなく、その先には廃校という方向が見え隠れしている。これは現在全国各地で定時制高校のリストラ＝削減が強行されていることと同様の動きが、小中学校段階でも起こる可能性が高い。このことは新自由主義政策＝市場原理の弱肉強食性を明確に示している。

以上三点について見てきたように、一九九〇年代に「ゆとり」と「個性化」の名の下に推進された新自由主義的教育改革は、教育における「ゆとり」と「個性」をむしろ奪い、社会の二極化＝階層化を促進するものであったといえるのである。

6　一九九〇年代後半における国家主義の高まり

プラザ合意以降の経済のグローバル化と軍事大国化の推進・国家主義の台頭

すでに言及した一九八五年のプラザ合意による急速な円高＝ドル安の進展は、新自由主義改革ばかりでなく、一九九〇年代以降の国家主義・軍事大国化の動向にも大きな影響を与えることとなった。

経済のグローバル化は、日本企業がそれまで出会うことの少なかった進出先地域の政治的・社会的現実に直面することを余儀なくさせた。企業が安価な労働力や資源を求めて進出する地域には、民族対立や地域紛争、激しい労使対立、経済的格差に伴う暴動など企業の自由な活動や資産を脅かす可能性が数多く存在している。進出した現地における安定した企業活動や莫大な海外資産の維持のため、日本の企業・財界は現地での「軍事的プレゼンス」＝「自衛隊の海外派兵」を強く要請するようになった。これは企業・財界が、それまで日米安保条約の維持と専守防衛を基本とした安全保障政策の転換を政権与党・自民党に要求することにつながった。

また同盟関係にあるアメリカの一九九〇年代以降における対日要求の転換も重要である。一九八九年のベルリンの壁崩壊、一九九一年のソ連邦解体による冷戦体制の終焉は、アメリカおよび西側諸国にとって第二次世界大戦後、イデオロギーと安全保障における最大のライバルが消滅したことを意味していた。ソ連・東欧圏の崩壊によって、世界は資本が自由に活動できる単一の市場によってつながることとなった。これはアメリカをはじめとする西側諸国の資本・企業にとって市場の大幅な拡張をもたらした。

世界単一市場の成立は、利潤獲得チャンスの大幅な拡大と地球規模での資本・企業間競争を促進することとなるが、それに伴って宗教的・民族的原理主義の台頭や地域紛争、覇権国家といった新たな「障害物」に出会うこととなった。冷戦後、アメリカはグローバルな市場秩序維持を目的とする、「障害物」除去のための軍事行動を、湾岸戦争をはじめとしてコソヴォ紛争への軍事介入、九・一一反米同時多発テロ事件以降のアフガニスタン、イラクへの攻撃とたびたび行なうようになった。この世界大の市場秩序維持を目的とする度重なる軍事行動には莫大な財政負担が必要なのであり、アメリカは同盟国であり経済大国でもある日本に対して、軍事分担を強力に求めるようになったのである。

こうした日本企業・財界とアメリカの要求によって、自衛隊の海外派兵、日米安保の再定義へ向けての動きが急速に進むこととなった。

国際貢献論と自衛隊海外派兵

一九九〇年前半、保守政権が自衛隊海外派兵のためのスローガンとして掲げたのが「国連中心主義」や「国際貢献」であった。これはソ連邦の解体と中国における市場経済の導入によって、それまでは冷戦型対立の場であった国連の安全保障理事会が、政治・経済的大国における世界秩序の共同管理の場へと移行したことを背景としている。「国連中心主義」や「国際貢献」論は、国内の根強い反戦意識や平和主義を考慮し、これまで保守政権が繰り返してきた国家主義的主張や憲法九条の「改正」を表に出さない新しい議論として提出された。さらに冷戦終結以後、世界は一つになって共同で安全保障や秩序維持を行なう時代になったのであり、それまで日本が軍事的な貢献を拒否してきた姿勢は「一国平和主義」であるとして批判されたのである。軍事的な貢献を含めて世界平和のために積極的に参加することによって、国際社会のなかで名誉ある地位を占めることができるという国際貢献論が展開された。

一九九二年、こうした国際貢献論の主張を背景として、社会党・共産党の激しい反対を押しきってＰＫＯ協力法が成立し、自衛隊海外派兵への道が開かれたのである。

しかしこの国連中心主義や国際貢献論は長続きしなかった。アメリカの武力行使は、湾岸戦争においては安保理常任理事国の全面的支持を得たものの、その後のコソヴォや旧ユーゴの問題についてはそれほどスムーズにいかなかった。アメリカにおいて、数多くの途上国のメンバーを抱え利害対立の激しい国連は、グローバルな秩序維持のためにそれほど便利な機能をもつものではないという認識が広がっていったのである。

そこで選択されたのが日米軍事同盟路線の強化、つまり日米安保の再定義であった。一九九六年四月に日米間で締結された日米安保共同宣言による日米安保の再定義は、アジア・太平洋地域におけるアメリカの軍事的プレゼンスを認め、それへの日本の協力という形で日米安保のグローバル化を宣言したものであった。このための法的整備を行なったのが、一九九九年に成立した周辺事態法である。

さらに二〇〇一年、九・一一反米同時テロ事件の後、テロ対策特別措置法が制定された。そこでは

「周辺」という地理的限定ははずされ、米軍の「後方支援」のために自衛隊がアラビア海に派遣された。

こうして一九九〇年代以降、「専守防衛」という枠が外れ、アメリカとの共同軍事行動を可能とする集団的自衛権の行使、さらには憲法九条の「改正」へと確実に近づいていくなかで、「戦争のできる国家」づくりへ向けて最後に残された課題が、軍事行動に対する肯定的な国民意識の育成であった。その実現のための国家主義が一九九〇年代後半以降、急速にせり上がってくることとなったのである。

戦争のできる国民づくりへ

軍事行動に対する肯定的な国民意識を育成するためには、戦後民主主義によって培われてきた人々の根強い平和意識を払拭する必要があり、そのための国家主義を導入する場として選ばれたのが、戦後における平和主義の拠点の一つの学校教育であった。

一九九九年の第一四五国会で成立した国旗・国歌法による「日の丸」、「君が代」の事実上の強制は、反戦・平和意識をもつ教員を大量処分し、教育現場における言論・思想の自由を圧殺している。そればかりでなく、侵略戦争の記憶と結びついて人々に忌避されてきた「日の丸」、「君が代」を制度化することによって、反戦平和主義や反軍国主義を生み出してきた意識の基盤そのものが解体されようとしているのである。

中教審答申で出された「郷土や国を愛する心」という愛国心や、「新しい『公共』を創造し、二一世紀の国家・社会の形成に主体的に参加する日本人の育成」は、一九九〇年代に進められてきた軍事大国化の仕上げとして、「戦争のできる国民」づくりを行なうためのイデオロギーとして要請されているといえる。

「郷土や国を愛する心」という愛国心とワンセットで出てくる「国際社会の一員として」という言葉は、国家主義の「歯止め」としてではなく、それを支える重要なポイントであることをおさえる必要がある。ここでの国際社会とは、アメリカをはじめとする先進諸国がその軍事力で維持・安定をはかっているグローバルな市場秩序なのであり、これに参加・貢献することが日本の軍事大国化の目的だからである。

新たな国家主義の台頭

一九八〇年代の国家主義は、アジア諸国からの強い批判がなされることもあってその暴走が阻止された。一九九〇年代に入るとさらに、アジア・太平洋戦争時の日本企業による強制連行や戦時中に性奴隷労働を強制した「従軍慰安婦」問題など、日本の加害責任を追及する動きが強まった。

一九九一年八月、金学順《キムハクスン》さんが日本軍の犠牲となった元「慰安婦」として初めて名乗りをあげた。日本政府はみずからの責任を否定していたが、一九九二年に日本軍による慰安所設置・慰安婦募集の統制を示す公文書資料が発見されるにおよんで見解を訂正し、当時の宮沢喜一首相が韓国の盧泰愚大統領に「慰安婦」問題について謝罪をした。

一九九二年の天皇皇后の訪中や、韓国人元「慰安婦」の一部からの聞き取りや資料調査にもとづいて「慰安婦」募集や慰安所設置における旧日本軍の関与を認めた一九九三年の河野洋平官房長官談話など、保守政権の側でもアジア諸国に対する加害責任について、一定の「謝罪」を行なうという政策転換が行なわれた。これは当時の国連中心主義や国際貢献論の文脈のなかで、これから行なおうとする自衛隊の海外派兵と過去の日本帝国主義・植民地支配の歴史とを分離しようとする政権の意図でもあった。しかしそれらは一方で、アジア・太平洋戦争の侵略性・加害性を認めようとしない保守政権・政党の内部のグループから、強い危機感・反発を生み出すことになった。

その反発が噴出するきっかけとなったのは、一九九三年八月九日に細川護熙を首班とする連立内閣が発足し、翌一〇日、細川首相が記者会見で、アジア・太平洋戦争について「私自身は侵略戦争であった、間違った戦争であったと認識している」と発言したことにある。同月、自民党において歴史認識の見直しを目的とする「歴史・検討委員会」が発足した。細川発言はアジア・太平洋戦争の侵略性や加害責任を否認している保守勢力の政治家に大きな危機感を抱かせたことがわかる。

自由主義史観の登場と「新しい歴史教科書をつくる会」

こうした政治的な動きに加えて、新たな国家主義思想が登場した。一九九五年一月、東京大学教育学部教授である藤岡信勝が「自由主義史観」研究会を発足させた。この研究会は左派の「コミンテルン史観」、「東京裁判史観」と右派の「皇国史観」、「大東亜戦争史観」の双方を乗り越える歴史観をつくり出すという主張を行なっていたが、その内実は南京大虐殺の実態や「従軍慰安婦」に加えられた強制と暴力の存在を否定、あるいは過小評価する点で、ナチスによるユダヤ人大量虐殺の存在を否定する議論と同様の歴史修正主義であるといえる。

「自由主義史観」研究会は産経新聞に、「教科書が教えない歴史」を連載するなど、帝国主義的植民地支配を肯定し、侵略性・加害性を認めない歴史像を提示する運動を展開した。

一九九六年、翌年からの中学校歴史教科書すべてに「慰安婦」に関する記述が登場することがわかると、教科書における「慰安婦」や南京大虐殺の記述を「自虐的」あるいは「反日的」と批判し、教科書から削除せよという議論が、「自由主義史観」研究会とその周辺から数多く行なわれた。その中心人物であった藤岡信勝や西尾幹二、（故）坂本多加雄、漫画家の小林よしのりらが、現在の教科書を批判するばかりでなく、自ら中学校の歴史教科書をつくると宣言し、一九九七年一月、「新しい歴史教科書をつくる会」（以下、「つくる会」と略）を結成した。

研究者ばかりでなく、作家・エッセイストといった多様なメンバーによって構成されていたことがこの会の特徴であるといえるが、人気漫画家であった小林の参加は、この思想や運動を大衆化することに大きな役割を果たした。特に若年層に大きな影響力をもつ漫画というメディア（『ゴーマニズム宣言』、『戦争論』など）によって、「つくる会」の思想や運動は広く人々に知られることとなった。

この「つくる会」は、一九九〇年代半ば以降における国家主義の大衆化を引き起こした運動だといえる。ここで展開されている思想が、グローバル化した経済のなかで生きざるを得ず、一定の国際協調が不可欠である今後の日本社会において、どこまで主流を占めることになるかは未知数であるが、これが日本のアジア諸国に対する加害責任を追及する動きや反戦平和主義の思想・運動に対する攻撃として十分機能したことは間違いない。

一九九〇年代前半に一定程度進められていた加害責任を認める日本政府の行動は、その後停滞しているが、ここにも「つくる会」をはじめとする新たな国家主義の影響を読み取ることができる。「つくる会」による歴史修正主義の運動は、グローバル化した経済のなかで軍事大国化や憲法九条「改正」を目指す保守政権の動きと微妙な重なりとズレをもちながら、ともに国家主義化を推し進めているといえる。

二〇〇一年四月、「つくる会」編集の中学歴史・公民教科書が文科省の検定に合格し、夏には彼らによる教科書採択運動が大規模に行なわれた。しかしこの教科書採択に対する広範な反対運動の展開により、採択されたのは東京・愛媛の養護学校・ろう学校、一部の私立学校のみであり、ほとんどの地域で採択は阻止された。しかし「つくる会」は活動を継続しており、次期二〇〇五年の教科書採択での拡大を目指している。

「新しい教育基本法を求める会」と民間教育臨調

こうした国家主義の広がりは、戦前の国家主義に基づく教育からの脱却を目指して制定された教育基本法へと向けられることとなった。二〇〇〇年四月には「新しい教育基本法を求める会」（以下、「求める会」と略、会長・西澤潤一岩手県立大学学長）が設立された。「求める会」は同年九月一七日、「新しい教育基本法を求める要望書」を森首相に提出した。

その内容は六項目にわたっており、以下のような内容であった。

（一）伝統の尊重と愛国心の育成
（二）家庭教育の重視
（三）宗教的情操の涵養と道徳教育の強化
（四）国家と地域社会への奉仕
（五）文明の危機に対処するための国際協力
（六）教育における行政責任の明確化

この内容の多くが、遠山文科相の中教審への諮問文や中教審の答申と重なっていることがわかる。

「新しい教育基本法を求める会」には、理事に西尾幹二（「つくる会」名誉会長）、事務局長に高橋史朗

（「つくる会」副会長）が就任するなど、「つくる会」の主要人物や周辺メンバーが多数参加している。アジア・太平洋戦争の侵略性・加害性を認めない歴史教育を目指す歴史修正主義の運動と、教育基本法「改正」の動きとの深いつながりを読み取ることができる。

さらにこの「求める会」のメンバーを中心として、二〇〇三年一月二六日、『日本の教育改革』有識者懇談会（民間教育臨調）が発足する。会長に西澤潤一（「求める会」会長）、運営委員長に高橋史朗（「つくる会」副会長、「求める会」事務局長）が就任するなど役員体制は「求める会」を引き継いでおり、それに加えて多くの右派文化人や財界人、マスコミ関係者が代表委員として参加している。この民間教育臨調は、中教審答申や政府・与党の動きと結びつきながら、教育基本法「改正」へ向けて大衆的運動を組織化することを目指しているといえるだろう。一九九〇年代後半以降に広がった国家主義は、その照準を教育基本法「改正」へと合わせたのである。

〔注〕

1　第一次、第二次世界大戦という総力戦へ向けての資源・労働力などの動員政策が、教育をはじめとする社会諸システムに不可逆的な変化をもたらし、その多くが戦後へと引き継がれていった。戦時動員体制の研究については（山之内／コシュマン／成田編　1995）を参照。

第三章　教育基本法改正論の批判的考察
――中教審「答申」の目指す新しい時代とは

1　個人の尊厳から国家のための人材養成へ――教育基本法改正論の時代認識

グローバル化した大競争時代を勝ち抜く国をつくるための「改正」

最初に多くの人々が疑問に思うのは、なぜ今教育基本法を「改正」する必要があるのかということだろう。そのことは中教審答申「第1章　教育の課題と今後の教育の基本的方向について」の「1　教育の現状と課題」で以下のように述べられている。

○　現在直面する危機的状況を打破し、新しい時代にふさわしい教育を実現するためには、具体的な改革の取組を引き続き推進するとともに、今日的な視点から教育の在り方を根本までさかのぼり、現行の教育基本法に定める普遍的な理念は大切にしつつ、変化に対応し、我が国と人類の未来への道を拓（ひら）く人間の育成のために今後重視すべき理念を明確化することが必要である。そして、その新しい基盤に立って、家庭教育、幼児教育、初等中等教育、高等教育、社会教育等の各分野にわたる改革を進めていくことが求められる。

　国民一人一人が、国家・社会の形成者、国際社会の一員としての責任を自覚し、主体的に教育の改革に参画するとともに、社会全体での取組を推進することにより、新しい時代の教育の実現を目指す必要がある。〔傍点・筆者〕

引用部分にもあるように「新しい時代」の「変化に対応」するためには、「今後重視すべき理念を明確化することが必要」なのであり、そのために教育基本法改正が提起されている。ここでいう「新しい時代」とはいったい何なのであろうか。

この「新しい時代」認識については、遠山敦子文部科学大臣によって二〇〇一年一一月二六日に中教審にだされた諮問文の、以下の諮問理由を述べた部分に明確にあらわれている。

　戦後、我が国の教育は、教育の機会均等等の理念の下に、その普及、量的拡大と教育水準の向上が図られ、我が国の経済、社会の発展に大きく寄与してきた。しかしながら、東西の冷戦構造の崩壊後、世界規模の競争が激化する中で、我が国の経済、社会は時代の大きな転換点に立っている。このような厳しい状況の中で、二一世紀に向けて、我が国が果敢に新しい時代に挑戦し、国際社会の中で発展していくためには、国の基盤である教育を改革し、新しい時代にふさわしい人材を育成することが急務の課題となっている。

「新しい時代」とは、「東西の冷戦構造崩壊後」の「世界規模の競争が激化」する時代、つまり経済のグローバル化時代のことを指している。経済のグローバル化がさらに本格的となる二一世紀において、ふさわしい人材を育成するためにこそ、新しい教育の理念が求められているのである。中教審答申「第2章　新しい時代にふさわしい教育基本法の在り方について」では、以下のように教育基本法改正の理由が述べられる。

21世紀を切り拓く心豊かでたくましい日本人の育成を目指す観点から、今日極めて重要と考えられる以下のような教育の理念や原則を明確にするため、教育基本法を改正すること

「21世紀を切り拓く心豊かでたくましい日本人の育成」のために、教育基本法を改正することが目指

されているのである。こうした時代認識の下に教育基本法の改正が企図されていることを理解する必要があるだろう。「たくましい日本人」や「郷土や国を愛する心」、「伝統・文化の尊重」といった中教審答申のキーワードから、私たちは「戦前回帰」や「復古主義」を連想してしまいがちである。しかし、ここではそれとは異なる意味であることに注意する必要がある。「たくましい日本人」や「郷土や国を愛する心」、「伝統・文化」は、二一世紀の世界的な大競争時代に対応する人間像や理念として提出されているのである。

経済のグローバル化時代・大競争時代に対応した教育とは、教育における市場原理・競争原理の徹底した導入ということになる。実際に中教審答申の教育基本法改正論は、一九九〇年代の新自由主義改革をより一層全面的に展開したものとなっている。

ここでも新自由主義という市場の自由と、国家主義という統制とが分かちがたく結びついていることに注意する必要があるだろう。引用部分にあったように経済のグローバル化時代・大競争時代という転換に直面しているのは、「我が国」なのである。「我が国」が「新しい時代に挑戦し、国際社会の中で発展していくため」に「ふさわしい人材を育成」することが目指されている。つまり大競争時代に対応した新自由主義改革の推進は、国家目標として設定されているのである。

グローバル化した時代における新自由主義改革と、「たくましい日本人」や「郷土や国を愛する心」、「伝統・文化」といった国家主義とのつながりも、まずはこの新自由主義という国家目標へ向けての統合理念であると考えることができるだろう。愛国心や伝統・文化によって「日本」に対する帰属意識を強めることによって、新自由主義改革という国家目標へと人々を動員することが目指されている。

ここで教育は、グローバル化した大競争時代に勝ち抜くための国家戦略の一貫として位置づけられていることがわかる。中教審答申にある「個人の自己実現」や「個性・能力、創造性」とは、現行教育基本法における「個人の尊厳」や「個人の価値」とはその意味内容が大きく異なっている。後者があくまで一人ひとりの権利と結びついているのに対して、前者はあくまで国際競争に勝ち抜くために必要な人材の能力であり、国家と結びつけられているからである。

戦後、教育勅語から教育基本法の転換によって、国家から個人へと移行した教育の目的が、再び国家へと回帰していることがわかる。「郷土や国を愛する心」や「伝統・文化の尊重」が教育基本法改正論の問題点として批判されることが多いが、この点で最も問題とされなければならないのは、法律によってそれらの内容が規定され、社会規範として国家から個人に対してそれらが強制されることにある。国家にとって必要な人材の資質として「日本人」、「郷土や国を愛する心」、「伝統・文化の尊重」などの望ましいあり方が定められ、それに適合するように個々人に強制される。教育基本法が権力を拘束する規範としての役割から、個々人を拘束するものへと転換しているのである。

「恒久平和」の希求から国際社会で勝ち抜くための教育理念への大転換

また、こうした経済がグローバル化した「国際社会の中で発展していくため」には、それを維持するための貢献がなされなければならない。グローバル化した市場秩序を維持するための国際貢献という考え方が一九九〇年代以降、日本の安全保障・防衛政策を徐々に変化させてきたことはすでに述べたが、そのことは中教審答申でも次のように強く意識されている。

　また、教育基本法制定から半世紀以上の間に我が国社会は著しく変化しており、その趨（すう）勢は今後も衰える気配がない。同時に、国際社会も大きな変貌（ぼう）を遂げ、その中で我が国の立場や果たすべき役割も変化し、世界の中の日本という視点が強く求められるようになった。我が国が、国際社会の一員としての責任を自覚し、国際社会において存在感を発揮し、その発展に貢献することが一層重要となっている。

　こうした国内的、国際的な大きな変化の中で、国民の意識も変容を遂げ、教育において重視すべき理念も変化してきている。〔傍点・筆者〕

全体として抽象的で具体的な内容がわかりにくい文章であるが、現在の日本を取り巻く世界情勢を想定すると意味内容がはっきりしてくる。「我が国の立場や果たすべき役割も変化」というのは、これまでの平和主義に基づく軍事貢献抜きの外交政策から、先進国の一員として、特にアメリカから安全保障・軍事力の点で貢献が求められるようになった事態をさしているだろう。

この答申では憲法九条を尊重し、非武装を追求する姿勢は、「一国平和主義」として批判され、「国際社会の一員としての責任」と貢献の重要性を主張している。「国民の意識も変容を遂げ」というのは、PKO協力法成立以降、なしくずし的に自衛隊の海外派遣が続けられ、国民的合意としては成り立っていないものの、それを追認する人々が徐々に増えつつあることを指していると思われる。

こうした軍事力を含めた国際貢献の重要性が高まるなか、「教育において重視すべき理念も変化してきている」として教育基本法改正が主張されているのである。このことは重大な意味をもっている。

教育基本法の前文には次のようにある。

> われらは、さきに、日本国憲法を確定し、民主的で文化的な国家を建設して、世界の平和と人類の福祉に貢献しようとする決意を示した。この理想の実現は、根本において教育の力にまつべきものである。

ここでは「世界の平和と人類の福祉に貢献しようとする」ためにこそ、教育基本法の理念が設定されているが、この時の国際社会の捉え方や貢献のあり方は、日本国憲法前文第二段の次の部分に依拠しているといえる。

日本国民は、恒久の平和を念願し、人間相互の関係を支配する崇高な理想を深く自覚するのであつて、平和を愛する諸国民の公正と信義に信頼して、われらの安全と生存を保持しようと決意した。われらは、平和を維持し、専制と隷従、圧迫と偏狭を地上から永遠に除去しようと努めてゐる国際社会において、名誉ある地位を占めたいと思ふ。われらは、全世界の国民が、ひとしく恐怖と欠乏から免かれ、平和のうちに生存する権利を有することを確認する。

教育基本法・日本国憲法が前提としているのは、「平和を維持し、専制と隷従、圧迫と偏狭を地上から永遠に除去しようと努めてゐる」国際社会であり、そこでの「名誉ある地位」が目指されている。そこでの貢献の仕方は「恒久の平和を念願し、人間相互の関係を支配する崇高な理想を深く自覚」し、「平和を愛する諸国民の公正と信義に信頼して」行なわれるのであるから、あくまで非軍事的な手段が追及されていることは明らかである。第九条の戦争放棄の条文もこの文脈で機能している。

しかし中教審答申の認識は、これとは明確に異なっている。すでに述べたように「東西の冷戦構造の崩壊後、世界規模の競争が激化する」国際社会のなかでの発展を目指すためには、これまで行なってこなかった軍事的な貢献が「果たすべき役割」として必要なのであり、そのために教育理念を変えることが主張されているからである。

中教審答申のなかでは、教育基本法改正論に対する批判・警戒への配慮もあるのか「現行の教育基本法に定める普遍的な理念は今後とも大切にしていく」ということが繰り返し述べられている。しかし、個人の尊重から国家による人材養成への教育目的の移行、また平和主義に基づく国際社会への貢献からグローバルな市場秩序維持のための軍事貢献へ向けての教育理念の構築という変化は、教育基本法理念の根本的な転換を意味しているといってよいだろう。

2　理念法から行政施策法への転換と十条の「改正」――教育振興基本計画

もう一つの大きな転換は、教育振興基本計画が盛りこまれることにより、教育基本法が理念法から行政施策法へと変わることである。教育振興基本計画とは、教育施策の総合的・体系的な推進を図るための財政的措置を伴った計画のことである。

財政支援は「重点的」にしかなされない

教育振興基本計画が具体的に登場したのは、教育改革国民会議においてであった。教育改革国民会議第三回総会における「教育改革国民会議の審議事項（座長案）」のなかで、江崎玲於奈座長から「教育振興基本計画の策定等による教育に対する財政面の抜本的拡充」というかたちで提案された。そして教育振興基本計画は教育改革国民会議中間報告（二〇〇〇年九月二二日）の「教育を変える一七の提案」の一つとして、さらに教育改革国民会議報告（二〇〇〇年一二月二二日）の「教育を変える一七の提案」でも重要な施策の一つとして取り上げられた。これが遠山文科相の中教審に対する諮問（二〇〇一年一一月二六日）につながることになる。諮問は「一　教育振興基本計画について　二　新しい時代にふさわしい教育基本法の在り方について」という二本立てで出された。

教育振興基本計画については、これが「郷土や国を愛する心」や「伝統・文化の尊重」といったイデオロギー色が強いものとは異なり、教育財政の充実策として教育・マスコミ関係者など一部の人々には歓迎された。また教育基本法「改正」に反対する人々の間では、この教育振興基本計画によって国民の期待・注目を集めることにより、国家主義的な教育基本法「改正」への批判をかわそうとしているのではないかとの議論も行なわれた。

しかし教育振興基本計画は単なる教育財政の充実策ではない。それは教育改革国民会議の中間報告において以下のようにすでに明確に述べられている。

> 教育への投資を惜しんでは、改革は実行できない。教育改革を実行するための財政支出の充実が必要であり、目標となる指標の設定も考えるべきである。この場合、重要なことは、旧態依然

> とした組織や効果の上がっていない施策をそのまま放置して、貴重な税金をつぎ込むべきではないということである。計画の作成段階及び実施後に厳格な評価を実施し、評価に基づき削るべきは削り、改革に積極的なところへより多くの財政支援が行われるようにする。また、ＩＴ教育や、留学生・海外子女教育等の国際交流など、情報化しグローバル化する社会への積極的な対応が必要な分野についても、重点的な財政支援を行う必要がある。更に、納税者に対して、教育改革のために税金がどのように使われ、どのように成果が上がっているのかについて積極的に情報を公開することが求められる。〔傍点・筆者〕

確かに教育改革を実行するための「財政支出の充実」が必要であるとは述べられているが、それは平等な形で配分されるわけではない。「厳格な評価」を実施し、その結果に応じて重点的な財政支援を行なっていくことになっているのである。これは教育振興基本計画が、「評価」を通した教育財政の競争的配分を行なう新自由主義に基づいて運営されることを示している。

基本法と結びつけられる理由

教育振興基本計画は、教育改革国民会議の中間報告の段階では教育基本法とは関連づけられていなかった。しかし教育改革国民会議報告では、教育振興基本計画の位置づけは大きく転換し、教育基本法「改正」と結びつけられることとなる。報告では「六　新しい時代にふさわしい教育基本法を」で、そのために必要な三つの観点が挙げられている。その三番目として次のように述べられている。

第三は、これからの時代にふさわしい教育を実現するために、教育基本法の内容に理念的事項だけでなく、具体的方策を規定することである。この観点からは、教育に対する行財政措置を飛躍的に改善するため、他の多くの基本法と同様、教育振興基本計画策定に関する規定を設けることが必要である。

こうして教育基本法に教育振興基本計画策定に関する規定を設けることが提起された。これ以後、遠山文科相から同様の方針が中教審に対して諮問され、そして中教審答申において、教育基本法改正案のなかに教育振興基本計画が明記された。

このことは教育基本法にとって重要な意味の転換を示している。教育改革国民会議報告でも触れられているように、教育振興基本計画を教育基本法に盛り込む際、同様の例として挙げられているのは「他の多くの基本法」である。この「他の多くの基本法」とは、中教審答申にも明記されているように環境基本法、科学技術基本法、男女共同参画社会基本法、食料・農業・農村基本法などのことを指している。

これらは同じ基本法といっても教育基本法とは性格が大きく異なっている。教育基本法が戦前の天皇制国家主義教育からの教育の転換を宣言する理念法という性格を強くもっているのに対して、環境基本法をはじめとする基本法は、そのなかで基本計画の策定を義務づけ、その施策への財政支出の根拠規定をもち、その領域の政策を実行する行政施策法という特色をもっているからである。

基本法に基づく基本計画は、政府が関係審議会の審議を経て決定できる仕組みとなっている。

例えば、教育基本法で教育振興基本計画の策定が根拠づけられれば、あとは文科省が、自由に基本計画を策定できるということになる。また中教審答申では、この計画期間はおおむね五年間とされており、必要に応じ見直しを行なうこととなっている。教育基本法の改正により、文科省はおよそ五年毎に教育政策を情勢に応じて変更することが可能となる。また科学技術基本法に見られるように多くの基本法は、計画実現のための予算確保について、政府の努力義務規定をもっている。

こうした教育基本法の理念法から行政施策法への性格の転換によって、文科省は巨大な権限を得ることができる。文科省は、例えば現在の新自由主義改革の方針を教育振興基本計画に盛り込み、閣議決定を得ることができれば、その予算措置を確保することができる。つまり文科省による教育政策が、国会の審議を経ることなく実現することが可能となるのである（渡辺　2002）。

行政施策としての教育振興基本計画と理念法としての教育基本法との違いから、両者を結びつけるのではなく、教育振興基本計画のみを着実に実施すべきであるし、また可能であるという議論があるが、むしろ教育振興基本計画を盛りこむことによって教育基本法の性格を転換することこそが、今回の教育基本法改正論の重要なポイントである。

教育改革国民会議における中間報告から答申への変化は、教育振興基本計画を教育基本法改正に盛り込むことにより、教育政策のイニシアチブを強化しようとする文科省の強い意向を読み取ることができる。そのことは、政策担当者・官僚層にとって教育基本法改正がより実質的な意義をもつ魅力的なものとなったことを意味する。遠山文科相の中教審に対する諮問が、「一　教育振興基本計画について　二　新しい時代にふさわしい教育基本法の在り方について」という順序になっているばかりでなく、中教審においても、教育振興基本計画についての議論が教育基本法改正よりも先行して行なわれている。教育振興基本計画が、文科省においていかに重要なものとして位置づけられているかがわかる。

行政の教育内容への介入

また、この教育振興基本計画を教育基本法に盛り込むことは、教育基本法の中身そのものにも重大な変更をもたらすことになる。教育振興基本計画は、教育行政についての条文である現行の教育基本法第十条の条文と深く関わっている。教育基本法第十条は次のようになっている。

第十条（教育行政）　教育は、不当な支配に服することなく、国民全体に対し直接に責任を負つて行われるべきものである。

2　教育行政は、この自覚のもとに、教育の目的を遂行するに必要な諸条件の整備確立を目標として行わなければならない。

この第十条は、すでに述べたように、教科書検定をはじめとする国家・政府による教育への介入に対して、教育の自由・自主性を守るうえで重要な役割を果たしてきた。戦後、教育基本法が制定された直後に文部省内につくられた教育法令研究会が出版した『教育基本法の解説』では、「教育に侵入してはならない現実的な勢力」として、「政党のほかに、官僚、財閥、組合等の、国民全体でない、一部の勢力が考えられる」と記されており、政治や教育行政による介入を「不当な支配」として斥けている。

また同書は第二項について、「教育の目的を遂行するに必要な諸条件の整備確立」とは、教育行政は教育内容に介入すべきものではなく、教育の外にあって、教育を守り育てるための諸条件を整えることにその目標を置くべきことであると解説している。第二項は教育の自主性を尊重すると同時に、そのために必要な教育行政の任務の限界を示しているのである。

しかし、この十条と深く関わる教育振興基本計画は、教育条件整備や財政計画ばかりでなく、教育目標や教育内容に関わる具体的項目が数多く挙げられている。例えば「人間性豊かな日本人の育成の視点」、「創造性に富む人間やリーダー育成の視点」、「グローバル化に対応した教育の視点」などの教育目標やそれに基づく「学校での奉仕活動」、「中高一貫校」、「プロフェッショナル・スクールや研究者養成型などの大学院整備」など教育内容に関わるものである。教育内容を伴った教育行政政策としての教育振興基本計画が教育基本法に盛り込まれるということは、現行の教育基本法第十条に改変をもたらさずにはいいない。

現行の教育基本法第十条に該当する部分については、中教審答申においては次のような「改正」が提起されている。

第二章（三）国・地方公共団体の責務等

> ○教育は不当な支配に服してはならないとする規定は、引き続き規定することが適当。
> ○国と地方公共団体の適切な役割分担を踏まえて、教育における国と地方公共団体の責務について、適切に規定することが適当。
> ○教育振興基本計画の策定の根拠を規定することが適当。

○教育行政の在り方については、現行法は、教育は不当な支配に服してはならないとの原則とともに、教育行政は必要な諸条件の整備を目標として行われなければならないことを定めてい

> る。前者については、引き続き規定することが適当である。
>
> 教育行政の役割については、地方分権の観点から国と地方公共団体が適切に役割分担していくことが重要となっていることを踏まえて、教育における国と地方公共団体の責務について規定することが適当である。なお、「必要な諸条件の整備」には、教育内容等も含まれることについては、既に判例により確定していることに留意する必要がある。〔傍点・筆者〕

ここでは、現行の教育基本法第十条の第一項、教育は不当な支配に服してはならないという原則は今後とも維持するとされている。しかし第二項の部分については「国と地方公共団体の責務」を規定することが挙げられ、さらに「必要な諸条件の整備」には「教育内容等も含まれる」ということが明記されている。それは国と地方公共団体がそれぞれの範囲で「必要な諸条件の整備」＝「教育内容」への介入を行なうこと、つまり教育行政が教育内容にも関与することを打ち出しているのである。これは現行の第二項を根本的に変えることに他ならず、さらに第二項と結びつくことで成立していた第一項の「不当な支配に服さない」という原則を解体することで、第十条全体の理念を否定することにつながる。

教育振興基本計画を教育基本法へ盛り込むことによる「改正」は、理念法としての教育基本法を行政施策法へと転換させ、また現行の教育基本法第十条の理念を実質的に否定することにより、文科省の権限拡大と教育内容への介入を促進することは間違いないだろう。

3 新自由主義改革による社会的格差の拡大

ここまで教育基本法改正論の時代認識や、教育振興基本計画の導入による法の性格の転換について考察してきた。次に、教育基本法改正論の内容について詳しく検討する。

内容については中教審答申と中間報告の双方を取り上げる。中間報告では答申以上に教育基本法改正の具体的施策が多く取り上げられており、中教審答申において、「中間報告に記述されている『教育振興基本計画に盛り込むべき施策の基本的な方向』や計画について寄せられた意見・要望についても、実際に計画を策定する際には十分参考にしてほしい」という記述があるからである。

国から要請される「個人の自己実現」

教育基本法に新たに規定する理念の一つに、「個人の自己実現と個性・能力、創造性の涵養」が挙げられている。

そこには、一九九〇年代以降の新自由主義的教育改革のキーワードである個性という言葉が登場している。また「個人の自己実現」という言葉も挙げられているが、これは、現行の教育基本法前文にある「個人の尊厳」や、第一条（教育の目的）にある「個人の価値」とは異なった意味をもっていることに注意する必要がある。「個人の自己実現と個性・能力、創造性の涵養」として、中教審答申では次のように書かれている。

○　教育においては、国民一人一人が自らの生き方、在り方について考え、向上心を持ち、個性に応じて自己の能力を最大限に伸ばしていくことが重要であり、このような一人一人の自己実現を図ることが、人格の完成を目指すこととなる。また、大競争の時代を迎え、科学技術の進歩を世界の発展と課題解決に活（い）かすことが期待される中で、未知なることに果敢に取り組み、新しいものを生み出していく創造性の涵養が重要である。

ここで「個人の自己実現」とは、「個性に応じて自己の能力を最大限に伸ばしていくこと」となっている。教育基本法にこれが書き込まれることは、国家によって「自己の能力を最大限に伸ばしていくこと」が要請されることを意味する。個人は自己実現することを国家から強制されるのである。現行教育基本法の「個人の尊厳」や「個人の価値」が、国家に対して個人を尊重することを求めているのとは、全く逆の方向性をもっていることがわかる。

また「創造性の涵養」も、「大競争の時代」のなかで国家が生き残るために必要な能力として求められていることがわかる。創造性は個人に帰属するのではなく、国家にとっての有用性の観点から必要なものと位置づけられる。まさに「国家戦略としての教育」の理念として、「個人の自己実現と個性・能力、創造性の涵養」が提起されているのである。

中教審中間報告や中教審答申では、具体的施策として次のようなものが挙げられている。

○ 才能を伸ばす機会の確保
○ 習熟の程度等に応じた補充的・発展的な学習の充実
○ 語学、理数、技術等、特定の専門分野に重点を置いた教育の推進
○ 少人数指導や習熟度別指導など個に応じたきめ細かな指導を推進して、分かる授業を行い、学ぶ意欲を高めるとともに、楽しい学校生活を実現する。

このように「才能」に重点を置く能力主義的な教育政策が数多く提起されている。生活集団と学習集団を区別し、教科によって少人数指導や習熟度別指導をすることは、能力主義・競争主義を促進するだろう。この能力主義的な教育政策は、生徒間の格差を助長する可能性が極めて高い。

ノーマライゼーションに逆行する障害者教育

また、中教審中間報告や答申には障害者教育についてもいくつかの提案がなされている。

○　学習障害（LD）、注意欠陥／多動性障害（ADHD）等への教育的対応を含めた特別支援教育体制の構築を図る。

○　障害のある子ども一人一人の教育的ニーズに応じた教育の充実

ここでの「一人一人の教育的ニーズに応じた」障害者教育という考え方は、二〇〇一年一月一五日、文科省の二一世紀の特殊教育の在り方に関する調査研究協力者会議の「二一世紀の特殊教育の在り方について」という最終報告で出され、二〇〇二年四月に行なわれた障害児教育に関わる学校教育法施行令の改正でも適用されている。

調査研究協力者会議最終報告と学校教育法施行令の改正では、社会のノーマライゼーションを踏まえているかのような記述がなされている。ノーマライゼーションとは障害者など社会的支援の必要なすべての人たちに、普通の市民と同じような通常の生活状態を提供するべきであるという考え方である。障害児教育との関わりでは、障害児と健常児とを分けて教育する分離教育（特殊教育）ではなく、両者が同じ場所（普通学級）で学ぶ統合教育を志向する考え方として広がっている。国連の子どもの権利に関する条約、一九九四年のインクルーシブな教育の原則を採択したサラマンカ宣言など、統合教育へ向けての世界的な趨勢にも関わらず、日本における障害児教育は分離教育（特殊教育）の原則を続けてきている。分離教育（特殊教育）が障害のある子どもの社会参加の機会や自立の機会を奪ってきたのであり、分離＝差別として機能した可能性が高い。

社会のノーマライゼーションの進展を踏まえ、障害のある児童一人一人の特別な教育的ニーズに応じた適切な教育を行なうとしている障害児教育は、日本社会のノーマライゼーションを進め、障害者差別を是正するものとなっているのだろうか。

二〇〇二年四月に行なわれた障害児教育に関わる学校教育法施行令の改正では、次のようになっている。まず学校教育法施行令第二二条の三の規定を、盲・聾・養護学校該当基準から就学基準とするとともに、基準を拡大して入りやすくした。そして盲・聾・養護学校の就学基準に該当していても、「小学校又は中学校において適切な教育をうけることができる特別の事情がある」と市町村教育委員会が認める場合には、「認定就学者」として小・中学校（普通学級）に就学させることができるよう就学手続きを弾力化した。また障害のある児童の就学にあたり、市町村の教育委員会は専門家の意見を聞くものとした（就学指導委員会の設置）。

「認定就学者」を認めたことにより、一律に盲・聾・養護学校で学ばせるのとは異なってはいるが、個々の子どもが必要とするニーズに応えているというこの改正は、障害者にとってのノーマライゼーションにはおそらくつながっていかないだろう。

小・中学校（普通学級）への就学を認めたといっても、それは障害児の障害の種類や程度がある基準に達した者だけである。障害児に対しては原則として、盲・聾・養護学校での分離教育（特殊教育）を行なうという基本理念は維持されている。ここでの「ニーズ」は専門家・あるいは行政によってあくまで判定されるものであり、本人・保護者の意志という「ニーズ」や彼らの権利は尊重されていない。「ニーズ」は、「適性」あるいは「個性」とも置き換え可能だろう。この障害児教育での事例は、「適性や個性に応じて」を唱える教育が、分離=差別につながることを明確に示している。

学習障害（LD）、注意欠陥／多動性障害（ADHD）等への特別支援教育体制も、個々の障害のケースに対応する実践とされているが、これも専門家による新たなカテゴリー化であり、広範囲の子どもたちを選別隔離する可能性が高いだろう。最大の問題は、このように障害の問題が個人の心身の特徴というかたちで「個人化」され、彼らの生活空間や社会環境を改善することによって、通常学級への生活を支援するという課題が隠蔽されてしまうことである。これは、自己責任を強調する新自由主義イデオロギーとぴったり重なっている。障害児の教育権保障と統合への原則化からは、ほど遠いと言わなければならない。「一人一人の教育的ニーズに応じた教育」とは、ノーマライゼーションに反する特殊教育を維持温存することになるだろう。

少人数学習や選択教科・習熟度別学習、能力別編成のような生活集団と学習集団とを分離するやり方は、学級集団に馴染んだところで学習活動にも馴染めることが多い障害児にとって、困難を増幅する。こうした障害児にとっての困難は、健常児の間にも起こることが容易に予測できる。一人ひとりのニーズ、個性や適性に応じた教育は、実際には生徒間の分離＝差別を助長することになる。教育の個性化は、生徒間の能力主義的差別を促進するだろう。

財政の新自由主義改革による学校制度の序列化

改正論には、こうした教育理念・教育実践に加えて、学校制度のレベルでも新自由主義改革の推進がいくつか挙げられている。

○　学校選択の適切な実施
○　当面、高等学校の通学範囲に少なくとも1校を目標に中高一貫教育校の設置を推進するとともに、小中一貫、幼小一貫など弾力的な学校種間連携等を積極的に推進する。
○　義務教育費国庫負担制度の見直し
○　公立学校の教員給与制度の見直し

学校選択の実施は、すでに述べたように学校の個性化をもたらすものではなく、その序列化をもたらし、生徒の競争を激化させることになる。また、教育における機会の不平等化や社会の階層化を促進するだろう。さらに、ここで提起されている中高一貫教育校の設置推進政策が実施されれば、それは大幅に増加し全国化する。これによって中高一貫教育校は「例外的な学校」ではなく、日本の中等教育システムのなかに確固たる位置を占めることになる。それは中等教育システムの複線化＝差別化をもたらすことになるだろう。

また教育財政における新自由主義政策も提案されている。義務教育費国庫負担制度は全国どこでも一定水準の教育条件を保障するため、教職員の給与の半分を国が負担する制度である。小泉内閣は福祉、教育などに関わる国庫補助の廃止・削減を目指しており、義務教育費負担制度の見直しとは、その廃止・削減のことを意味していることは間違いない。実際すでに、二〇〇三年度予算編成において、年間約三兆円にのぼる義務教育費国庫負担金のうち、約二二〇〇億円の削減が行なわれた。

義務教育費の国庫負担の削減が行なわれれば、各地方に教育予算の負担が転嫁されることになり、財政力の乏しい自治体においては教育水準の維持が困難となる。また自治体の財政力の差が教育水準の違いと結びつき、地域間の格差が拡大するだろう。教員給与制度の見直しも掲げられていることから、教員の給与・待遇は不安定になり、非常勤教員が増加することだろう。

こうした義務教育レベルでの学校選択、中高一貫教育校の増加による中等教育の複線化、義務教育国庫負担制度の見直しは、教育基本法第三条にもある教育の機会均等の原則を根幹から揺るがす可能性が高い。教育の機会均等について、中教審答申では以下のように述べられている。

○教育の機会均等の原則、奨学の規定は、引き続き規定することが適当。

○教育の機会均等は、憲法に定める教育を受ける権利（憲法第二六条第1項）、法の下の平等（同第一四条）の規定を受け、その趣旨を教育において具体的に実現する手掛かりとして規定されたものである。これは、「個人の尊厳」を実質的に確保する上で欠かせない大切な原則であるが、これまでの教育がややもすれば過度の平等主義や画一主義に陥りがちであったという指摘にも留意した上で、教育の機会均等の原則や奨学の規定については、引き続き同様に規定することが適当である。〔傍点・筆者〕

確かに教育の機会均等の原則は、引き続き規定するとはされている。しかし、これまでの教育が「過度の平等主義や画一主義」に陥りがちであったという指摘に留意するということは、中教審答申はこれまでの平等主義的な教育政策を転換し、格差を容認する方針を打ち出していると考えてよいだろう。

新自由主義改革は初等・中等教育ばかりでなく、高等教育レベルでも全面的に進めることが提起されている。中教審答申では、教育基本法改正に盛り込むべき新たな理念として『「知」の世紀をリードする大学改革の推進』が挙げられ、教育振興基本計画では具体的な政策目標等の例として次のようなものが提案されている。

○　大学改革の流れを加速し、活力に富み国際競争力のある大学づくりを目指すため、国立大学の法人化など大学の構造改革を推進する。
○　世界水準の教育研究成果の創出及び確保を目標として、大学等の施設整備を推進する。
○　高等教育機関の活性化を図るため、各大学において具体的目標を定め、教員の公募制・任期制の導入の推進を図るほか、教員の自校出身者比率の低下や大学院入学者中の他大学出身者の割合の増加についての数値目標の設定など、各大学において具体的な目標を定め、教員・学生の多様性を高める。
○　「留学生受入れ10万人計画」に続く新たな留学生政策を早期に策定し、高等教育の国際化及び国際競争力の強化等に資する留学生施策を推進する。
○　優れた研究教育拠点形成等の重点的な支援とともに、博士課程学生、ポストドクター（博士課程修了者）支援の充実など優れた若手研究者の育成を推進する。
○　国際的な通用性等を踏まえた高等教育機関の質を確保するための第三者評価システムの構築

を推進する。

○　産学官連携を推進する。

○　研究開発成果等の知的財産の創出、保護、活用等を推進する。

全体として、グローバル化した経済のなかで「知の大競争時代」に勝ち残るための高等教育政策が計画されていることがわかる。国立大学を法人化して経営体としての合理化を進め、産学官連携の推進を図る。第三者評価の実施によって競争的資金を特定の大学に重点的に配分する。現在六百以上ある国公私立大学の「評価」による明確な序列化、市場競争による選別・淘汰を行ない、少数エリート大学に効率的に予算を配分することが目指されている。

ここまで見てきたように「個人の自己実現」や「個性の尊重」という教育理念と、それに基づく教育実践、初等・中等・高等教育それぞれの段階における新自由主義政策の推進は、教育システム全体の序列化をもたらし、社会の急速な階層化をもたらすことはほぼ確実だろう。

4　社会の二極化・階層化の統合理念としての国家主義

新自由主義改革の一方で、中教審答申には国家主義の方向も明確に打ち出されている。

「日本人」から排除される人々

二一世紀の教育が目指すものとして「21世紀を切り拓く心豊かでたくましい日本人の育成」が掲げられ、その目的を達成するための目標として「新しい『公共』を創造し、21世紀の国家・社会の形成に主体的に参画する日本人」や「日本の伝統・文化を基盤として国際社会を生きる教養ある日本人の育成」などが挙げられている。教育の理念として次の規定を盛り込むことが検討されている。

社会の形成に主体的に参画する「公共」の精神、道徳心、自律心の涵養
日本の伝統・文化の尊重、郷土や国を愛する心と国際社会の一員としての意識の涵養

教育の目標として何度も登場している「日本人」というカテゴリーは、国家主義の強化につながると同時に、在日韓国・朝鮮人、在日中国人などの日本国内にいる外国人や沖縄やアイヌなど異なった文化をもつ人々に対して同化を強いたり、差別を助長する危険性をもっている。

さらに「日本人」という同一性がさまざまな差異を隠し、国家との一体性をもたせる機能をもっていることに着目する必要があるだろう。新自由主義の推進による社会の階層化・二極化は、「国民としての一体性」を感得させる経済的・社会的基盤を次々と掘り崩している。そのことがもたらす社会の

分裂・混乱状況を警戒はするが、そのための雇用・福祉政策などを実行しようとはしない新自由主義改革推進勢力において、「日本人」というカテゴリーは、「国民としての一体性」を支える虚構のイデオロギーとしての役割が期待されている。「日本の伝統・文化の尊重」や「郷土や国を愛する心」は「日本人」意識をつくり出すために、要請されているといえるだろう。

エリートとノン・エリートに期待される異なった「日本人」としての役割

さらに、同じ「日本人」という言葉が用いられているが、社会の階層化・二極化によってエリートになる階層とそうでない階層との間では、「日本人」として期待される役割はそれぞれ異なっている。中教審中間報告の教育振興基本計画には「教育の国際化の推進」という項目があるが、そこでは次のように述べられている。

> グローバル化が急速に進展している現代においては、特に経済の分野における国境を越えた大競争を余儀なくされている一方、社会・文化・政治など、あらゆる分野における国際的な協調、あるいは国際的な理解が望まれている。そのためには、十分なコミュニケーション能力はもとより、国際的な視野と日本人としての確固たるアイデンティティとを併せ持ち、21世紀の国際社会の中で世界に貢献できる人材を育成していくことや教育交流を促進していくことが肝要である。

〔傍点・筆者〕

ここで述べられている「日本人」にはエリートしか該当しない。ノン・エリートには、「十分なコミュニケーション能力」や「国際的な視野」を得る機会が、差別的な教育システムを推進する新自由主義改革によって、すでに奪われているからである。

引用部分に見られるように、グローバル化した国際社会において、競争に勝ち抜くと同時に国際的に貢献できる人材が要請され、その日本国家の目標に適合するエリートの規範として「日本人としての確固たるアイデンティティ」が求められているのである。「郷土や国を愛する心」や「日本の伝統・文化の尊重」によって、エリートである一人一人は「日本人」と同一化することとなる。彼らにとって「公共」への参画とは、こうした国際競争力の向上と国際貢献を目指す「日本」への参画に他ならない。

一方、ノン・エリートにとっての「日本人」カテゴリーの機能とは何だろうか。新自由主義政策の推進による社会の階層化・二極化は、さまざまな社会矛盾を引き起こす。失業の増加、経済的格差による社会的連帯の解体、人々のモラル・意欲の低下、犯罪率の上昇などを挙げることができるだろう。

そのことは中教審答申でも意識されており、次のように記述されている。

○今日、我が国社会は、大きな危機に直面していると言わざるを得ない。国民の間では、これまでの価値観が揺らぎ、自信喪失感や閉塞（そく）感が広がっている。倫理観や社会的使命感の喪失が、正義、公正、安全への信頼を失わせている。少子高齢化による人口構成の変化が、社会の活力低下を招来している。長引く経済の停滞の中で、多くの労働者が離職を余儀なくされ、新規学卒者の就職は極めて困難となっている。

さらに青少年・教育問題の現状について次のように記述している。

○青少年が夢や目標を持ちにくくなり、規範意識や道徳心、自律心を低下させている。いじめ、不登校、中途退学、学級崩壊などの深刻な問題が依然として存在しており、青少年による凶悪犯罪の増加も懸念されている。

家庭や地域社会において心身の健全な成長を促す教育力が十分に発揮されず、人との交流や様々な活動、経験を通じて、敬愛や感謝の念、家族や友人への愛情などをはぐくみ、豊かな人間関係を築くことが難しくなっている。

また、学ぶ意欲の低下が、初等中等教育段階から高等教育段階にまで及んでいる。初等中等教育において、基礎的・基本的な知識・技能、学ぶ意欲、思考力、判断力、表現力などの「確かな学力」をしっかりと育成することが一層重要になっている。

ここで問題として挙げられている事例――いじめ、不登校、規範意識・学ぶ意欲の低下、家庭や地域社会の教育力の低下――などは、一九八五年に出された臨教審第一次答申以来、さまざまな審議会答申で繰り返し言及されてきたことに注意する必要がある。臨教審以来の教育改革は、ここで挙げられている問題の改善や解決に向けて行なわれてきたはずである。しかし、それが二〇〇三年の中教審答申においても依然として問題として挙がっているということは、臨教審以来の新自由主義的教育改革が成功していないことを中教審が事実上認めたことになるからである。

いやむしろ、現在における社会問題・教育問題は、一九九〇年代以降の新自由主義改革による企業統合の解体や、社会的安定性の崩壊によって深刻さを増している。こうした新自由主義・市場経済の暴力によって痛めつけられる人々や、階層化によって社会の底辺で生きることを強いられる人々に対して、「日本人」というカテゴリーはその問題性を隠蔽し、人々を統合する機能を果たすことになる。

それは、同じ「日本人」であるという理由で、社会の一員としての使命や役割を自覚し、低下しているとされる「倫理感」や「規範意識」を、はぐくむことが求められるのである。ノン・エリートにとっての「公共」の精神とは、社会に対して権利要求や批判を行なうのではなく、自らの処遇を甘受し、国家に対して奉仕することなのである。教育改革国民会議で提起された「奉仕活動の義務化」はその具体策である。

このように、中教審答申における「日本人」や「『公共』の精神」は、新自由主義改革によって引き起こされる社会の階層化や矛盾を隠蔽し、統合するイデオロギーとしての機能を果たすことになる。教育改革国民会議の第一部会で、新自由主義改革に対する「反発」や「批判」として提起された「愛国心」や「『公共』の精神」などの国家主義は、実際には新自由主義を支え、補完する役割を果たすのである。

5　心への介入と強化される国家統制

新自由主義を支え、補完する役割をもつ国家主義を教育基本法に書き込むことの問題性は、とてつもなく大きい。「郷土や国を愛する心」や「日本の伝統・文化の尊重」などの教育理念・教育目標を法で規定するということは、個人の内心に関わる事柄や価値意識に、国家が教育を通して介入することを示している。これは日本国憲法第十九条「思想及び良心の自由は、これを侵してはならない」に抵触する可能性が極めて高い。

先行する愛国心評価と『心のノート』

すでに危険な兆候はあらわれている。二〇〇二年には福岡市において、小学校六年生の社会の評価項目に「我が国の歴史や伝統を大切にし国を愛する心情をもつとともに、平和を願う世界の中の日本人としての自覚をもとうとする」が入り、ABCの評価がなされた。子どもの「愛国心」が三段階で評価されたのである。後に、福岡市以外の地域でも「愛国心」評価が行なわれていることが判明した(1)。「愛国心」が成績評価の優劣を通して、子どもの内面に強制される状況が広がっているのである。

また二〇〇二年に、道徳の補助教材『心のノート』が全小中学校に送付された。「教科書」ではないため、検定や採択という過程を経ることなく、ノーチェックで配布されることとなった。この『心のノート』は著者名も出版社名も記されておらず、ただ「発行　文部科学省」とのみ書かれている。事実上の国定教材である。

『心のノート』は小学校低・中・高学年、中学校用の四種類あり、いずれもきれいなパステルカラーが使われビジュアルに作られているが、そこで展開される内容は古めかしくかつ強制的である。工夫を凝らしたさまざまな例があげられているが、共通しているのは現存する秩序やルールを素直に受け入れて、感謝の心をもつべきであるというメッセージである。物事に対する懐疑精神や社会に対する批判精神にはふれられず、「従順さ」のみが重要視される。さらに『心のノート』における道徳や愛情は、家庭から学校、地域、郷土へと同心円上に「自然に」拡大していき、最終的には「国」や「日本」へと行き着く展開になっている。『心のノート』は「日本人」の「心」をつくる教材なのである（高橋

『心のノート』右から、1・2年生用、3・4年生用、5・6年生用

2003）。『心のノート』の使用は強制されるものではないということは国会の衆議院予算委員会第四部会（二〇〇三年二月二七日）で確認されてはいるが、二〇〇二年七月に文科省により配布状況調査が行なわれて、九八％配布されたという結果が出た。「調査」という形で実質的に強制が進んでいるのである。

こうした状況が進むなか、「郷土や国を愛する心」や「『公共』の精神」などの理念を書き込む教育基本法「改正」がなされれば、国家による心への介入は一層本格的に進むことになるだろう。福岡市の「愛国心」評価は、一九九八年に改訂された学習指導要領（六年生の社会科の学習目標「我が国の歴史や伝統を大切にし、国を愛する心情を育てるようにする」）を根拠にしたものである。学習指導要領には法的根拠はない。『心のノート』も補助教材（それがノーチェックで配布されたことは問題であるが）である以上、こちらも学校で使用することに法的根拠はない。したがって強制することは法律上できないのである。

しかし教育基本法に「郷土や国を愛する心」や「『公共』の精神」

中学生用

中学生用の「この国を愛しこの国に生きる」頁

などの国家主義的理念が書き込まれれば、状況は一挙に進むだろう。福岡市における「愛国心」評価は、望ましいものとして全国に広がり、『心のノート』はまさに教育基本法の理念を実現するのにふさわしい教材となることが予想される。国家に対する忠誠が全国の子どもたちに強制されていくことになる。

こうした「愛国心」などの国家主義が浸透しやすくなっている学校現場の現状も考える必要がある。二〇〇一年に成立した教育改革関連法により「指導力不足教員」が処分され、また東京都をはじめ教員に対する人事考課制度が実施されつつある。一部の問題行動を行なった教員に対する誇大報道や、教育の消費者意識とサービス要求の高まりもあって、これに反対する世論は弱いようであるが、この制度は、実際には国家主義の浸透に抵抗する教員を、「処分」や「評価」によって追い込む機能を果たすであろう。学校現場に導入されている新自由主義改革の推進による「処分」や「評価」によって、国家主義が浸透していくのである。国家主義が新自由主義の矛盾を補完する役割をもつことをすでに指摘したが、一方で新自由主義が国家主義を促進する機能を果たすのである。

家庭―地域へと広がる国家による統制

さらにこの国家主義は学校だけでなく、家庭や地域社会へと広げられることが目指されている。中教審答申では家庭教育という項目を新たに設定することが提起され、次のように述べられている。

○ 家庭は、子どもの教育に第一義的に責任があることを踏まえて、家庭教育の役割について新たに規定することが適当。

○ 家庭教育の充実を図ることが重要であることを踏まえて、国や地方公共団体による家庭教育の支援について規定することが適当。

中教審答申は「家庭教育の機能の低下」を指摘し、家庭教育の役割について新たに規定するという。しかし、子どもの権利条約（第十八条）が国家は家庭教育に介入しないという原則を示しているように、国家の役割はそれが十分に行なわれる環境づくりに限定されるべきである。

しかし、ここにあるように国家が家庭の「責任」や「家庭教育の役割」を規定し、それを実践することになれば、まさに国家が一定の教育方針や思想を市民一人ひとりに強制する契機となるだろう。つまり教育理念として「郷土や国を愛する心」や「日本の伝統・文化の尊重」が、家庭にまで強制されることになるのである。

また、家庭教育は次の「男女共同参画社会への寄与」の項目とつなげて考えると別の問題も見えてくる。

○　憲法に定める男女平等に関し、現行法は、「男女共学」の規定において男女が互いに敬重し協力し合わなければならないことを定めている。しかし、社会における男女共同参画は、まだ十分には実現しておらず、男女が互いにその人権を尊重しつつ責任も分かち合い、その個性と能力を十分に発揮することができる男女共同参画社会を実現するためには、このような現行法の理念は今日においてより重要である。

なお、現在では、男女共学の趣旨が広く浸透するとともに、性別による制度的な教育機会の差異もなくなっており、「男女の共学は認められなければならない」旨の規定は削除することが適当である。

ここでは男女共同参画社会の実現のために「男女共学」の現行法の理念を尊重するとしている。そして「男女共学の趣旨が広く浸透」し、「性別による制度的な教育機会の差異もなくなって」いることから男女共学の規定の削除を適当と述べている。

しかし、日本社会の現状は「男女共学の趣旨が広く浸透」し、「性別による制度的な教育機会の差異もなくなって」いるといえるだろうか。初等中等教育段階においてジェンダー・フリー教育の実践はまだ緒に着いた段階であり、高等教育では専攻分野による男女のアンバランスが依然として大きいこと、「見えない」制度として男女差別を再生産する「隠れたカリキュラム」が学校教育で機能しているなど、男女平等教育どころか、教育を通して性別役割分業意識や職業における性別分離の構造が再生産され続けているのが実状であることを、中教審答申は見落としている。

こうした男女共学や、ジェンダーについての認識を示している中教審が強調する「家庭教育」は、国の考える「理想の」父親と母親のそろった「あるべき家族」像を強制するものとなるだろう。「つくる会」など教育基本法「改正」を求める団体は、「ジェンダー・フリー教育」に対する激しい非難・攻撃を行なっている[2]。中教審答申など教育基本法改正論は、従来の性別役割を固定化し、伝統的な「あるべき家族」像を押しつける志向をもっているのである。

「男女共学」の現行法の理念を尊重する理由として挙げられている「男女共同参画社会」についても警戒が必要だろう。中教審答申の一連のトーンは、教員や子ども・親の「権利」を否定し、「責務」や

「奉仕」を強調している。男女共同参画社会基本法は「性別にかかわりなく、その個性と能力を十分に発揮すること」を提起しているが、「権利」が否定された状況で「個性と能力を十分に発揮」することは、女性の能力を国家が都合良く「活用」すること、すなわち戦中の「銃後の女たち」のように国家への「動員」に結びつく可能性をもっているからである。

また中教審答申では学校・家庭・地域社会の連携・協力について、次のように書かれている。

○　教育の目的を実現するため、学校・家庭・地域社会の三者の連携・協力が重要であり、その旨を規定することが適当。

ここでは、学校・家庭・地域社会の連携・協力を教育基本法で位置づけることになる。とすれば、「郷土や国を愛する心」や「日本の伝統・文化の尊重」といった国家主義が、子どもだけでなく、家庭や親、そして地域住民にまで浸透させられることになる。さらにその連携・協力によって地域住民による学校教育の監視や、地域住民同士の監視が行なわれれば、国家主義と異なる価値観をもつ人間は「非国民」とされ、逃げ場がなくなるだろう。こうして国家主義は教育基本法「改正」によって、学校から家庭、地域へと広げられていくのである。

〔注〕

1　二〇〇三年五月三日の『朝日新聞』によれば、小学六年生の通知表の社会科の評価項目に、「国」や「日本」を愛する心情を盛りこんでいる公立小中学校が、全国で少なくとも一一府県二八市町の一七二校にのぼっている。

2　例えば「新しい歴史教科書をつくる会」愛知県支部は、二〇〇三年一月二五日に『良識ある男女共同参画を推進する会』設立記念講演会を開き、そこではジェンダー・フリー思想に対する批判が行なわれている。「つくる会」メンバーが多数参加している「『日本の教育改革』有識者懇談会」(民間教育臨調)の設立大会(二〇〇三年一月二六日)においては、当面の緊急課題として、「ジェンダー・フリー教育」に反対することが確認されている。「『日本の教育改革』有識者懇談会」には、副会長に長谷川三千子(埼玉大教授)、代表委員に林道義(東京女子大教授)など、ジェンダー・フリーに反対する論者が多数参加している。

第四章　教育の新地平へ

中教審答申に見られる教育基本法「改正」とは何を意味するのか。それは臨教審によって提起されてきた新自由主義改革と国家主義が、既存の教育システムに対する改革や批判でなく、国家の教育政策の中枢に据えられる段階になったことを意味している。新自由主義改革と「戦争のできる国民」づくりとしての国家主義を本格的に進めるための重大なステップとして、教育基本法「改正」は位置づけられる。

国家の国際競争力を高めるための新自由主義と、軍事大国化を支えるための愛国心が、「教育の目的」として設定されれば、それは学校教育法、社会教育法、学習指導要領などの「見直し」につながることによって教育現場をも強く拘束し、現在の改革はさらに加速度を増して本格的に進むだろう。各学校や教員が、新自由主義改革の「市場の論理」や「愛国心」教育の方針に逆らうことは、教育振興基本計画の実施による財政的コントロールの圧力によって困難になる。新自由主義の手法による新自由主義・国家主義教育の事実上の強制が行なわれる可能性が高い。

ここまで述べてきたように、このような「改正」は、まぎれもなく教育基本法の改悪であると筆者は考えている。最後に、今回の教育基本法「改正」を批判する際に注意しなければならないと考える点を二点挙げておきたい。

教育現実の批判の武器として教育基本法をとらえる

一点目は、教育基本法の理念が今の教育現場で十分に生かされていない現実を、正面から見据えておくことである。すでに述べたように、教育基本法「改正」はこれまでなされなかったものの、保守政権および文科省は個別法規や行政措置、答申などを通してその理念の現実化を妨げてきた。さらに臨教審以降の教育改革は、新自由主義と国家主義によって主導され、教育基本法第三条「教育の機会均等」や前文の「個人の尊厳」を裏切り続けてきた。

こうした現状を正面から見据えることなく「教育基本法を今こそ生かそう」と言われても、それは「いつか存在した」理念であったり、現実にはない「理想」として空しく感じる教職員・市民・親がいるのも無理からぬことだろう。

大切なことは、教育基本法の理念を素晴らしいものとしてたたえることに止まらず、教育現実を批判する武器として実践的に活用することである。教育基本法が教育現場で生かされていない乖離を、批判という実践によって埋めていくことが大切である。教育基本法第十条「教育行政」の「不当な支配」として、現在の教科書検定や教育委員会のあり方を批判することができるし、前述した第三条「教育の機会均等」や前文の「個人の尊厳」を、新自由主義と国家主義を進行させている現在の教育改革を批判する理念として生かすことは十分可能である。実際、臨教審以降の教育改革が、教育問題を深刻化させている。教育基本法の実践によって教育問題の深刻化に歯止めをかけることができれば、教育基本法はこれまでになかった新しい意味を獲得することができるだろう。

現行教育基本法の限界を見据えて

二点目は、教育基本法のもっている時代的・歴史的制約や問題点から目をそらさず、その先を見据えて今回の教育基本法「改正」に対する批判を行なうことである。教育基本法は今後の教育においても尊重すべき内容が数多く含まれていることは間違いない。また、今回の改正論と雲泥の差があることはいうまでもない。しかしそれがつくられた時代的・歴史的制約、問題点があることも事実である。

一つ目は、これは教育基本法だけでなく日本国憲法にもいえることであるが、「国民」主義の問題である。教育基本法も日本国憲法も「国民」、すなわち日本国籍をもつ者のみを権利ある存在として想定している。それでは在日の台湾や朝鮮の人々の場合はどうだろうか。これら在日の人々は、戦前・戦中には日本の植民地化によって日本国籍を持つものとされていたが、戦後、「日本国民」としての彼らの権利を否認する政策が次々と実施され、さらに一九五二年のサンフランシスコ講和条約の発効にともない、日本政府の民事局長通達によって一方的にその国籍を剥奪された。

教育基本法の主語は国民であり、日本国憲法でも外国人に対して法の下の平等を認める表現は消え、peopleの訳語も「国民」とされた。平和と民主主義の理念、基本的人権の尊重を実現したといっても、それは日本国籍をもった「国民」に限定されたものであり、旧植民地出身者をそこから排除し続けたのが日本社会の現実であった。教育の分野においても朝鮮学校をはじめとする民族教育は激しい弾圧を受け、戦後においても差別は継続した。こうした戦後日本社会における国籍にもとづく差別と結びついている教育基本法の「国民」規定は問い直される必要があるだろう。

二つ目は、教育基本法第三条「教育の機会均等」の条文における問題である。

> すべて国民は、ひとしく、その能力に応ずる教育を受ける機会を与えられなければならないものであつて、人種、信条、性別、社会的身分、経済的地位又は門地によつて、教育上差別されない。〔傍点・筆者〕

この条文を素直に読むと、能力以外の理由で差別されないということである。「能力に応ずる」教育、つまり能力によって異なる教育を行なうことは認めることになるだろう。

教育学者、教育法学者の多くは、この「能力に応ずる」の能力を学力やテストの成績ではなく、個々の子どもの個性や成長の違いを前提にし、それぞれの力を発揮するように教育を保障していくことであると解釈している。しかしこの説もまた能力主義批判として徹底していない。

例えば学校教育法では第六章「特殊教育」で（盲・聾・養護学校の目的）が掲げられているが、そこでは「幼稚園、小学校、中学校又は高等学校に準ずる教育を施し、あわせてその欠陥を補うために、必要な知識技能を授けることを目的とする」とされている。障害を欠陥とみなし、特殊教育を是とするこの学校教育法は教育基本法第三条をもとにしている。近年提唱されている「特殊教育」から「特別支援教育」への移行も、「障害のある児童生徒一人一人の教育的ニーズを把握して、必要な支援を行う」ことが目指されており、「一人一人の教育的ニーズ」＝「能力・適性・個性」に応じた支援教育の方向で推進されている。これら「能力に応ずる」教育を前提とする教育の機会均等は、障害者にとっては分離＝差別教育として機能することとなる。ここからわかるように、教育基本法第三条は能力による区別＝差別を認めるという限界をもっているのであり、教育の機会均等を徹底させるためにも是正されることが必要だろう。

三つ目は、第一条（教育の目的）に関するものである。

教育は、人格の完成をめざし、平和的な国家及び社会の形成者として、真理と正義を愛し、個人の価値をたっとび、勤労と責任を重んじ自主的精神に充ちた心身ともに健康な国民の育成を期して行われなければならない。

これは、教育勅語に象徴される戦前の教育体制からの離脱と、これからの教育が平和的な国家・社会の形成者を育成することを宣言したものとなっている。戦後の平和主義を高らかに打ち出した条文であるが、一方でこれは国家が「人格の完成」を目指すことを「教育の目的」として定めている。国家が教育を通して個々人の「人格の完成」をめざすということは、国家が個人の人格のあり方を規定することに他ならない。

教育基本法は、教育勅語に対する反省もあって、国家権力を制限する規範としての法という性格を強くもっている。「個人の尊厳」や「個人の価値」など、国家権力による個人への介入は抑制的であることが全体として求められている。

また教育基本法の成立した歴史的条件も考慮する必要がある。天皇制国家における徹底した皇民化教育とアジア・太平洋戦争の惨禍の後、そこからの転換を行なうためには国家による別の教育目的や理念を掲げることが必要な歴史的事情もあったといえる。

しかし厳密にいえば、例え「人格の完成」やその他の「民主的な」内容であっても、国家が教育の目的や理念を法で規定することは、国家による個人のあり方への介入・強制という要素をもつことに注意を払うべきだろう。教育基本法の国家権力を制限する法としての性格を、さらに徹底させていく方向が模索されることが重要である。

危機をチャンスに転換しよう

以上のように、「国民」主義、能力主義、国家による教育目的・理念の設定という教育基本法の時代的・歴史的制約や問題点を挙げた。これら三つの点について注意を払うことは、教育基本法の価値を低め、今回の改悪を利することになるだろうか。それは全く逆であると筆者は考える。

なぜなら、中教審答申に見られる今回の教育基本法の改悪は、新自由主義と国家主義を推進するものであり、「国民」主義、能力主義、国家による教育目的・理念の設定という現行教育基本法の問題性をそれぞれさらに強化するものに他ならないからである。つまり教育基本法の歴史的限界に対する自覚は、今回の「改正」を擁護するどころか、それに対する一層強い内在的批判につながることになるのである。

さらにそのことは、今回の教育基本法「改正」を批判する思想や実践を積み重ねることが、教育基本法の歴史的限界をも乗り越える可能性をもっていることを意味する。教育基本法改正論に対する批判が、単なる批判に止まらず、今後の教育に対する展望を切り開くためにも、教育基本法の歴史的制約や問題点に自覚的になることが重要であると筆者は考える。

戦後教育の歴史において、教育基本法の理念は絶えず現実の教育行政によって裏切られ、自由で民主的な教育の空洞化が進行してきた。しかし今回の教育基本法「改正」は、自由で民主的な教育の空洞化といったこれまでの事態とは全く異なり、固定化した差別社会をつくりだす新自由主義改革と、グローバルな市場秩序を支えるための軍事大国化へ向けて、この社会に生きる一人ひとりを「動員」あるいは「統制」するという教育政策の根本的な転換を目指している。それに対して、教育基本法の理念は真っ向から対立しているのであり、だからこそ「改正」が政治日程に上ってきているのである。

今回の教育基本法「改正」は、戦後教育の擁護か否定かというよりも、新たに提起された愛国心と新自由主義による統治を認めるか否かという課題として位置づけることがより適切である。「改正」への反対という実践を通して、教育基本法はこれまでになかった新たな意味を獲得し、さらにそれを乗り越えていく方向性が見えてくることだろう。排外主義と憲法九条「改正」へ向けての反動化が急速に進むなか、冷静で緻密な分析の必要性と同時に、現在の危機はそれに対抗することを通じて、チャンスへ転換可能であると捉えるまなざしと思想性が、今ほど望まれているときはない。教育基本法「改正」のゆくえに、この社会の自由と平和の未来がかかっている。

参考文献

Bourdieu, P.　1979　*La Distinction*, Éditions de Minuit ＝ 1990　石井洋二郎訳『ディスタンクシオンⅠ・Ⅱ』、藤原書店。

Bourdieu, P.　1995　*Acts of Resistance*, The New Press. ＝2000　加藤晴久訳『市場独裁主義批判』、藤原書店。

Bourdieu, P.&Passeron, J.C.　1970　*La Reproduction*, Éditions de Minuit ＝ 1991　宮島喬訳『再生産』、藤原書店。

Foucault, M　1975　*Surveiller et Punir*, Gallimard ＝ 1977　田村淑訳『監獄の誕生』、新潮社。

藤田英典　1993　「教育の公共性と共同性」森田尚人他編『教育学年報2　学校＝規範と文化』、世織書房。

藤田英典　2001　『新時代の教育をどう構想するか』、岩波書店。

後藤道夫　2002　『反「構造改革」』、青木書店。

日高六郎　1980　『戦後思想を考える』、岩波書店。

金子勝　1997　『市場と制度の政治経済学』、東京大学出版会。

金子勝　1999　『反経済学』、新書館。

苅谷剛彦　2002　『教育改革の幻想』、筑摩書房。

河上亮一　2000　『教育改革国民会議で何が論じられたか』、草思社。

経済同友会　1995　「学校から「合校」へ」『季刊教育法』一〇三号、エイデル研究所。

憲法再生フォーラム編　2003　『有事法制批判』、岩波書店。

北村小夜　2003　「進む能力主義を下から支える『特別支援教育』」『季刊福祉労働』九八、現代書館。

熊沢誠　1997　『能力主義と企業社会』、岩波書店。

教育法令研究会　1947　『教育基本法の解説』、国立書院。

三宅晶子　2003　「教育基本法「改正」の危機とは何か」『インパクション』一三五「特集＝イラク攻撃と教育基本法改悪」、インパクト出版会。

成嶋隆　2003　「改正しやすい教育基本法から?——中

教審「中間報告」の問題点」『教職課程』vol.29, No.4、協同出版。

「21世紀日本の構想」懇談会　2000　『日本のフロンティアは日本の中にある —— 自立と協治で築く新世紀』、講談社。

小熊英二　2002　『〈民主〉と〈愛国〉——戦後日本のナショナリズムと公共性』、新曜社。

大内裕和　1999　「「卓越性」の支配」『現代思想』vol.27 - 7、青土社。

大内裕和　2000　「戦時動員体制からグローバリゼーションへ」『創文』No.421、創文社。

大内裕和　2001a　「象徴資本としての「個性」」『現代思想』vol.29 - 2、青土社。

大内裕和　2001b　「教育をめぐる対話」『現代思想』vol.29 - 14、青土社。

大内裕和　2002　「教育を取り戻すために」『現代思想』vol.30 - 5、青土社。

大内裕和　2003　「民主から愛国へ―教育基本法改正論批判―」『現代思想』vol.31 - 4、青土社。

Rose, N.　1999　*Powers of Freedom*, Cambridge University Press.

斎藤貴男　2000　『機会不平等』、文藝春秋。

斎藤貴男　2002　『小泉改革と監視社会』、岩波書店。

酒井隆史　2001　『自由論』、青土社。

鈴木英一・平原春好　1998　『資料　教育基本法50年史』、勁草書房。

高橋哲哉　2003　『「心」と戦争』、晶文社。

高橋哲哉×三宅晶子　2003　「これは「国民精神改造運動」だ」『世界』No.712、岩波書店。

渡辺治　2001　『日本の大国化とネオ・ナショナリズムの形成』、桜井書店。

渡辺治　2002　「いまなぜ教育基本法改正か?」『ポリティーク』vol.05、旬報社。

山之内靖／ヴィクター・コシュマン／成田龍一編　1995　『総力戦と現代化』、柏書房。

あとがき

私が教育基本法について本を書くこと、ましてそれが自分にとって最初の本になるとは全く予測していなかった。大学院時代から、戦時期に形成された教育システムを戦後にも継続する戦時動員体制として捉える歴史研究を行なっていた私にとって、教育基本法に関心をもってはいたものの、それは研究の主要な対象ではなかった。歴史研究を行なう一方で、一九九〇年代以降、急ピッチで進んでいる教育改革が戦時動員体制＝戦後教育システムを大きく転換させるものであることが予感され、近年は新自由主義と国家主義の進行という視点から、教育改革への批判的考察を行なうようになっていった。

一九九〇年代後半、教育基本法の「改正」が声高に叫ばれるようになった。当初は唐突な印象を受けたが、中教審の中間報告や答申をていねいに読むと、この教育基本法「改正」が臨教審以来の教育改革プログラムの延長上にあることが明瞭に見えてきた。

すでに述べたように私は教育基本法を主要な専門領域としてきた研究者ではない。本書も教育基本法について網羅的に検討したものではないことは、読者の方はすぐにおわかりになるだろう。しかし今回の「改正」が臨教審以来の教育改革の延長上にあること、そして「改正」が実際に行なわれれば、これまでの教育改革によって徐々に進行してきた社会の階層化や軍事大国化を支える国民意識の育成という路線がほぼ決定的になること、そのことを捉え伝えることは、教育社会学の研究（教育についての社会科学的研究）を行なってきた私にも可能であるし、今最も必要とされていることなのではないかと思い、本書を執筆することとした。その試みが成功しているかどうかについては読者の皆さんの判断を仰ぎたい。

中教審での議論の進行を横目で見ながら、本書の執筆作業は急ピッチで行なわなければならなかった。この間、本書の完成を応援してくださったすべての人に感謝したい。また白澤社の吉田朋子さんと坂本信弘さんは、今この本を出すことが重要であるという認識を私と共有し、実に情熱的な姿勢で本書の編集を行なってくれた。心から感謝の意を表したい。

中教審による教育基本法「改正」の答申が出され、憲法調査会において改憲論議が進行しつつある現在、日本社会は敗戦後、「戦争のできる国家」になるかどうかの最大の歴史的分岐点に立っていることは間違いない。こうした認識が多くの人々に共有されずに、事態が急速に進んでいる状況が現在の危機の本質であるといえるだろう。そこに一石を投ずることができればというのが筆者のささやかな願いである。一人でも多くの人に今回の教育基本法「改正」の問題性が伝わり、現在議論されている方向での「改正」＝改悪が行なわれないこと、そのために本書が少しでも役立つならこの上もなく幸いである。

二〇〇三年五月七日

大内裕和

〈資料〉
教育基本法
新しい時代にふさわしい教育基本法と教育振興基本計画の在り方について（答申）
中央教育審議会

教育基本法

（昭和二十二年三月三十一日法律第二十五号）

われらは、さきに、日本国憲法を確定し、民主的で文化的な国家を建設して、世界の平和と人類の福祉に貢献しようとする決意を示した。この理想の実現は、根本において教育の力にまつべきものである。

われらは、個人の尊厳を重んじ、真理と平和を希求する人間の育成を期するとともに、普遍的にしてしかも個性ゆたかな文化の創造をめざす教育を普及徹底しなければならない。

ここに、日本国憲法の精神に則り、教育の目的を明示して、新しい日本の教育の基本を確立するため、この法律を制定する。

第一条（教育の目的）　教育は、人格の完成をめざし、平和的な国家及び社会の形成者として、真理と正義を愛し、個人の価値をたつとび、勤労と責任を重んじ、自主的精神に充ちた心身ともに健康な国民の育成を期して行われなければならない。

第二条（教育の方針）　教育の目的は、あらゆる機会に、あらゆる場所において実現されなければならない。この目的を達成するためには、学問の自由を尊重し、実際生活に即し、自発的精神を養い、自他の敬愛と協力によつて、文化の創造と発展に貢献するように努めなければならない。

第三条（教育の機会均等）　すべて国民は、ひとしく、その能力に応ずる教育を受ける機会を与えられなければならないものであつて、人種、信条、性別、社会的身分、経済的地位又は門地によつて、教育上差別されない。

2　国及び地方公共団体は、能力があるにもかかわらず、経済的理由によつて修学困難な者に対して、奨学の方法を講じなければならない

第四条（義務教育）　国民は、その保護する子女に、九年の普通教育を受けさせる義務を負う。

2　国又は地方公共団体の設置する学校における義務教育については、授業料は、これを徴収しない。

第五条（男女共学）　男女は、互に敬重し、協力し合わなければならないものであつて、教育上男女の共学は、認められなければならない。

第六条（学校教育）　法律に定める学校は、公の性質をもつものであつて、国又は地方公共団体の外、法律に定める法人のみが、これを設置することができる。

2　法律に定める学校の教員は、全体の奉仕者であつて、自己の使命を自覚し、その職責の遂行に努めなければならない。このためには、教員の身分は、尊重され、その待遇の適正が、期せられなければならない。

第七条（社会教育）　家庭教育及び勤労の場所その他社会において行われる教育は、国及び地方公共団体によつて奨励されなければならない。

2　国及び地方公共団体は、図書館、博物館、公民館等の施設の設置、学校の施設の利用その他適当な方法によつて教育の目的の実現に努めなければならない。

第八条（政治教育）　良識ある公民たるに必要な政治的教養は、教育上これを尊重しなければならない。

2　法律に定める学校は、特定の政党を支持し、又はこれに反対するための政治教育その他政治的活動をしてはならない。

第九条（宗教教育）　宗教に関する寛容の態度及び宗教の社会生活における地位は、教育上これを尊重しなければならない。

2　国及び地方公共団体が設置する学校は、特定の宗教のための宗教教育その他宗教的活動をしてはならない。

第十条（教育行政）　教育は、不当な支配に服することなく、国民全体に対し直接に責任を負つて行われるべきものである。

2　教育行政は、この自覚のもとに、教育の目的を遂行するに必要な諸条件の整備確立を目標として行われなければならない。

第十一条（補則）　この法律に掲げる諸条項を実施するために必要がある場合には、適当な法令が制定されなければならない。

附　則

この法律は、公布の日から、これを施行する。

新しい時代にふさわしい教育基本法と教育振興基本計画の在り方について（答申）

平成15年3月20日
中央教育審議会

はじめに

中央教育審議会は、平成13年11月、文部科学大臣から「教育振興基本計画の策定と新しい時代にふさわしい教育基本法の在り方」について諮問を受け、総会及びその下に設けた基本問題部会において審議を重ねてきた。

審議会では、まず、教育改革国民会議の提言を踏まえながら、我が国の教育の現状と課題、これからの教育の目標、今後の教育改革の基本的方向について議論を行った上で、教育基本法と教育振興基本計画の在り方について審議を行った。そして、その間の審議経過をできるだけ国民に分かりやすく示すという観点から、平成14年11月に中間報告を取りまとめ公表した。

中間報告公表後、平成14年11月から12月にかけて、東京、福岡、福島、京都、秋田において「一日中央教育審議会（公聴会）」を開催するとともに、有識者や教育関係団体等からの意見聴取、郵便等による意見募集など、幅広く国民各位からの意見を徴し、それらを参考に更に審議を深め、今回、答申を取りまとめた。

この答申を機に、今後、教育改革に関する国民の関心が高まることを期待する。政府におかれては、国民の理解を深めるための取組を更に推進しつつ、本答申を基に、教育基本法の改正と教育振興基本計画の策定を進めていただきたい。

第１章　教育の課題と今後の教育の基本的方向について

１　教育の現状と課題

○　昭和22年３月、民主的で文化的な国家を建設し、世界の平和と人類の福祉に貢献しようとする憲法の理想の実現を教育の力に託し、戦後における日本の教育の基本を確立するため、教育基本法が制定された。教育基本法の下に構築された学校教育制度をはじめとする教育諸制度は、国民の教育水準を大いに向上させ、我が国社会の発展の原動力となった。

○　今日、我が国社会は、大きな危機に直面していると言わざるを得ない。国民の間では、これまでの価値観が揺らぎ、自信喪失感や閉塞《そく》感が広がっている。倫理観や社会的使命感の喪失が、正義、公正、安全への信頼を失わせている。少子高齢化による人口構成の変化が、社会の活力低下を招来している。長引く経済の停滞の中で、多くの労働者が離職を余儀なくされ、新規学卒者の就職は極めて困難となっている。

○　このような状況を脱し、我が国社会が長期的に発展する礎《いしずえ》を築くために、戦後の我が国社会を支えてきた政治、行政、司法や経済構造などの基本的な制度の抜本的な改革が進められている。教育は、我が国社会の存立基盤である。現在あるいは将来の我が国社会が直面する様々な困難を克服し、国民一人一人の自己実現、幸福の追求と我が国の理想、繁栄を実現する原動力たり得るものは、教育をおいて他《ほか》にない。我が国社会が、創造性と活力に満ち、世界に開かれたものとなるためには、教育についても、これら一連の改革と軌を一にして、大胆な見直しと改革を推進していかなければならない。

○　我が国の教育については、中央教育審議会、臨時教育審議会、教育

改革国民会議等の提言に基づく改革をはじめ、様々な観点から不断の改革が行われてきた。しかしながら、関係者の努力による数々の取組にもかかわらず、我が国の教育は現在なお多くの課題を抱え、危機的な状況に直面している。

○　青少年が夢や目標を持ちにくくなり、規範意識や道徳心、自律心を低下させている。いじめ、不登校、中途退学、学級崩壊などの深刻な問題が依然として存在しており、青少年による凶悪犯罪の増加も懸念されている。

家庭や地域社会において心身の健全な成長を促す教育力が十分に発揮されず、人との交流や様々な活動、経験を通じて、敬愛や感謝の念、家族や友人への愛情などをはぐくみ、豊かな人間関係を築くことが難しくなっている。

また、学ぶ意欲の低下が、初等中等教育段階から高等教育段階にまで及んでいる。初等中等教育において、基礎的・基本的な知識・技能、学ぶ意欲、思考力、判断力、表現力などの「確かな学力」をしっかりと育成することが一層重要になっている。

○　科学技術の急速な発展と社会構造の変化に伴い、それを支える学問分野は高度に専門分化し、現実社会との乖《かい》離が問題視されるようになっている。同時に、学問領域の融合によって新たな分野も形成されつつある。大学・大学院には、基礎学力と分野横断的かつ柔軟な思考力・創造力とを有する人材の育成を目指した教育研究体制の構築と、教育研究を通じた社会への貢献が強く求められている。

教育行政を含め、教育関係者はこのような現状を真摯に受け止め、これらの課題の解決に向けて今後一層の努力を重ねる必要がある。

○　また、教育基本法制定から半世紀以上の間に我が国社会は著しく変化しており、その趨《すう》勢は今後も衰える気配がない。同時に、国際社会

も大きな変貌《ぼう》を遂げ、その中で我が国の立場や果たすべき役割も変化し、世界の中の日本という視点が強く求められるようになった。我が国が、国際社会の一員としての責任を自覚し、国際社会において存在感を発揮し、その発展に貢献することが一層重要となっている。

　こうした国内的、国際的な大きな変化の中で、国民の意識も変容を遂げ、教育において重視すべき理念も変化してきている。

○　現在直面する危機的状況を打破し、新しい時代にふさわしい教育を実現するためには、具体的な改革の取組を引き続き推進するとともに、今日的な視点から教育の在り方を根本までさかのぼり、現行の教育基本法に定める普遍的な理念は大切にしつつ、変化に対応し、我が国と人類の未来への道を拓《ひら》く人間の育成のために今後重視すべき理念を明確化することが必要である。そして、その新しい基盤に立って、家庭教育、幼児教育、初等中等教育、高等教育、社会教育等の各分野にわたる改革を進めていくことが求められる。

　国民一人一人が、国家・社会の形成者、国際社会の一員としての責任を自覚し、主体的に教育の改革に参画するとともに、社会全体での取組を推進することにより、新しい時代の教育の実現を目指す必要がある。

2　21世紀の教育が目指すもの

○　教育には、人格の完成を目指し、個人の能力を伸長し、自立した人間を育てるという使命と、国家や社会の形成者たる国民を育成するという使命がある。すべての人はそれぞれ多様な個性や特性を持つ。教育は、それを尊重し、生かし、育てることによって、多様な成長過程と人生を保障するものでなければならない。この基本的使命は、今後の時代においても変わることはない。

○　一方、これからの教育には、少子高齢化社会の進行と家族・地域の変容、高度情報化の進展と知識社会への移行、産業・就業構造の変貌、グローバル化の進展、科学技術の進歩と地球環境問題の深刻化、国民意識の変容といった歴史的変動の潮流の中で、それぞれが直面する困難な諸課題に立ち向かい、自ら乗り越えていく力を育てていくことが求められる。このためには、一人一人が生涯にわたり学び続けるとともに、それを社会全体で支えていく必要がある。

○　さらに、21世紀の社会の最も大きな課題の一つは、人間と自然との共生であり、様々な文化や価値観を持つ多様な主体がこの地球に共生することである。日本人が古来大切にしてきた、自然の美しさに感動し心を震わせる感性や、自然の本質を理解し、自然と人間との調和を重視する行動様式は、今後より一層重要な意義を持つものであり、我が国の文化として、教育においても大切に継承し、発展させていくべきである。

○　教育の普遍的な使命と新しい時代の大きな変化の潮流を踏まえ、「21世紀を切り拓く心豊かでたくましい日本人の育成」を目指すため、これからの教育は、以下の五つの目標の実現に取り組み、多様な個性や特性を持った国民を育成していく必要がある。

①自己実現を目指す自立した人間の育成

すべての国民は、一人の人間としてかけがえのない存在であり、自由には規律と責任が伴うこと、個と公のバランスが重要であることの自覚の下に、自立した存在として生涯にわたって成長を続けるとともに、その価値が尊重されなければならない。個人の能力を最大限に引き出すことは、教育の大切な使命である。一人一人が学ぶことの楽しさを知り、基礎的・基本的な知識、技能や学ぶ意欲を身に付け、生涯にわたって自ら学び、自らの能力を高め、自己実現を目指そうとする意欲、

態度や自発的精神を育成することが大切である。

②豊かな心と健やかな体を備えた人間の育成

豊かな心をはぐくむことを人格形成の基本として一層重視していく必要がある。社会生活を送る上で人間として持つべき最低限の規範意識を青少年期に確実に身に付けさせるとともに、自律心、誠実さ、勤勉さ、公正さ、責任感、倫理観、感謝や思いやりの心、他者の痛みを理解する優しさ、礼儀、自然を愛する心、美しいものに感動する心、生命を大切にする心、自然や崇高なものに対する畏敬の念などを学び身に付ける教育を実現する必要がある。

また、健やかな体は、人間の心の発達・成長を支え、人として創造的な活動をするために不可欠なものである。子どもたちがたくましく成長し、充実した人生を送ることができるよう、生涯にわたって積極的にスポーツに親しむ習慣や意欲、能力を育成するとともに、心身の健康の保持に必要な知識、習慣を身に付けさせることを一層重視していく必要がある。

③「知」の世紀をリードする創造性に富んだ人間の育成

これからの「知」の世紀においては、情報通信技術の進展等による教育環境の大きな変化も十分に生かしつつ、基礎・基本を習得し、それを基に探究心、発想力や創造力、課題解決能力等を伸ばし、新たな「知」の創造と活用を通じて我が国社会や人類の将来の発展に貢献する人材を育成することが必要である。特に大学・大学院の教育研究機能を飛躍的に高め、国際競争力を強化し、未来への扉を開く鍵《かぎ》となる独創的な学術研究や科学技術の担い手となる人材を様々な分野で豊富に育てていく必要がある。同時に、急速に進展する科学技術をめぐる倫理的な課題を理解し、的確に判断する力を国民一人一人が身に付けることも求められる。

④新しい「公共」を創造し、21世紀の国家・社会の形成に主体的に参画する日本人の育成

自分たちの力でより良い国づくり、社会づくりに取り組むことは、民主主義社会における国民の責務である。国家や社会の在り方は、その構成員である国民の意思によってより良いものに変わり得るものである。しかしながら、これまで日本人は、ややもすると国や社会は誰《だれ》かがつくってくれるものとの意識が強かった。これからは、国や社会の問題を自分自身の問題として考え、そのために積極的に行動するという「公共心」を重視する必要がある。

近年、阪神・淡路大震災の際のボランティア活動に見られるように、互いに支え合い協力し合う互恵の精神に基づき、新しい「公共」の観点に立って、地域社会の生活環境の改善や、地球環境問題や人権問題など国境を越えた人類共通の課題の解決に積極的に取り組み、貢献しようとする国民の意識が高まりを見せている。個人の主体的な意思により、自分の能力や時間を他人や地域、社会のために役立てようとする自発的な活動への参加意識を高めつつ、自らが国づくり、社会づくりの主体であるという自覚と行動力、社会正義を行うために必要な勇気、「公共」の精神、社会規範を尊重する意識や態度などを育成していく必要がある。

⑤日本の伝統・文化を基盤として国際社会を生きる教養ある日本人の育成

グローバル化の中で、自らが国際社会の一員であることを自覚し、自分とは異なる文化や歴史に立脚する人々と共生していくことが重要な課題となっている。このためには、自らの国や地域の伝統・文化についての理解を深め、尊重する態度を身に付けることにより、人間としての教養の基盤を培い、日本人であることの自覚や、郷土や国を愛し、誇りに思う心をはぐくむことが重要である。こうした自覚や意識があ

って初めて、他の国や地域の伝統・文化に接した時に、自他の相違を理解し、多様な伝統・文化に敬意を払う態度も身に付けることができる。このような資質を基盤として、国際社会の責任ある構成員としての自覚を持ち、世界を舞台に活躍し、信頼され、世界に貢献できる日本人の育成を目指す必要がある。

3　目標実現のための課題

○　これからの教育の目標の実現のためには、教育基本法をはじめ教育関連法制の見直しまでさかのぼった教育改革が必要である。その中で、学校教育制度をはじめとする教育諸制度や諸施策を見直すとともに、学校教育のみならず教育の各分野にわたる具体の施策を総合的、体系的に位置付ける教育振興基本計画を策定することによって、実効性のある改革を進めていく必要がある。

○　教育は未来への先行投資であり、今日の教育が、個人の明日をつくり、社会の未来をつくる。これからの教育の目標を実現するため、教育への投資を惜しまず必要な施策を果断に実行していく必要がある。現在の国、地方を通じた厳しい財政状況の下で、教育への投資の充実を図っていくためには、すでに実施している施策も含め、適切な政策評価を行い、その結果を反映させながら、施策の重点化・効率化を図ることが必要である。また、評価結果の積極的な情報公開に努め、幅広く国民の支持を得ることが重要である。

第２章　新しい時代にふさわしい教育基本法の在り方について

1　教育基本法改正の必要性と改正の視点

○　戦後の我が国の教育は、教育基本法の精神に則り行われてきたが、制定から半世紀

以上を経て、社会状況が大きく変化し、また教育全般について様々な問題が生じている今日、教育の根本にまでさかのぼった改革が求められている。

○　このため、前章において明らかにした、教育の現状と課題と、21世紀の教育の目標を踏まえて、

(i)　現行の教育基本法を貫く「個人の尊厳」、「人格の完成」、「平和的な国家及び社会の形成者」などの理念は、憲法の精神に則った普遍的なものとして今後とも大切にしていくこととともに、

(ii)　21世紀を切り拓く心豊かでたくましい日本人の育成を目指す観点から、今日極めて重要と考えられる以下のような教育の理念や原則を明確にするため、教育基本法を改正すること、が必要である。

①信頼される学校教育の確立

これからの学校教育においては、一人一人の個性に応じて、基礎的・基本的な知識・技能や学ぶ意欲をしっかりと身に付けさせるとともに、道徳や芸術など情操を豊かにする教育や、健やかな体をはぐくむ教育を行い、これらによりその能力を最大限に伸ばしていくことが重要であり、その視点を明確にする。その際には、グローバル化や情報化、地球環境問題への対応など、時代や社会の変化に的確に対応したものとなることが重要である。

②「知」の世紀をリードする大学改革の推進

これからの国境を越えた大競争の時代に、我が国が世界に伍して競争力を発揮するとともに、人類全体の発展に寄与していくためには、「知」の世紀をリードする創造性に富み、実践的能力を備えた多様な人材の育成が不可欠である。そのために大学・大学院は教育研究の充

実を通じて重要な役割を担うことが期待されており、その視点を明確にする。

③家庭の教育力の回復、学校・家庭・地域社会の連携・協力の推進

家庭は教育の原点であり、すべての教育の出発点である。家庭教育の重要性を踏まえてその役割を明確にするとともに、学校・家庭・地域社会の三者が、緊密に連携・協力して子どもの教育に当たるという視点を明確にする。

④「公共」に主体的に参画する意識や態度の涵《かん》養

人は、一人だけで独立して存在できるものではなく、個人が集まり「公共」を形づくることによって生きていくことができるものである。このことを踏まえて、21世紀の国家・社会の形成に主体的に参画する日本人の育成を図るため、政治や社会に関する豊かな知識や判断力、批判的精神を持って自ら考え、「公共」に主体的に参画し、公正なルールを形成し遵守することを尊重する意識や態度を涵養することが重要であり、これらの視点を明確にする。

⑤日本の伝統・文化の尊重、郷土や国を愛する心と国際社会の一員としての意識の涵養

グローバル化が進展する中で、自らの国や地域の伝統・文化について理解を深め、尊重し、郷土や国を愛する心をはぐくむことは、日本人としてこれからの国際社会を生きていく上で、極めて大切である。同時に、他の国や地域の伝統・文化に敬意を払い、国際社会の一員としての意識を涵養することが重要であり、これらの視点を明確にする。

⑥生涯学習社会の実現

時代や社会が大きく変化していく中で、国民の誰もが生涯のいつで

も、どこでも、自由に学習機会を選択して学ぶことができ、その成果が適切に評価されるような社会を実現することが重要であり、このことを踏まえて生涯学習の理念を明確にする。

⑦教育振興基本計画の策定

教育基本法に示された理念や原則を具体化していくためには、これからの教育に必要な施策を総合的、体系的に取りまとめる教育振興基本計画を策定し、政府全体で着実に実行することが重要であり、そのための法的根拠を明確にする。

2　具体的な改正の方向

（１）前文及び教育の基本理念

（前文）

○　教育理念を宣明し、教育の基本を確立する教育基本法の重要性を踏まえて、その趣旨を明らかにするために引き続き前文を置くことが適当。

○法制定の目的、法を貫く教育の基調など、現行法の前文に定める基本的な考え方については、引き続き規定することが適当。

（教育の基本理念）

○　教育は人格の完成を目指し、心身ともに健康な国民の育成を期して行われるものであるという現行法の基本理念を引き続き規定することが適当。

（新たに規定する理念）

○　法改正の全体像を踏まえ、新たに規定する理念として、以下の事項について、その趣旨を前文あるいは各条文に分かりやすく簡

潔に規定することが適当。

・個人の自己実現と個性・能力、創造性の涵養
・感性、自然や環境とのかかわりの重視
・社会の形成に主体的に参画する「公共」の精神、道徳心、自律心の涵養
・日本の伝統・文化の尊重、郷土や国を愛する心と国際社会の一員としての意識の涵養
・生涯学習の理念
・時代や社会の変化への対応
・職業生活との関連の明確化
・男女共同参画社会への寄与

(前文)

○　教育基本法は、日本国憲法に基づく戦後の新しい教育理念を宣明するとともに、その後に続く教育関係諸法令制定の根拠となる教育の基本を確立する重要な法律であり、これを踏まえ、その趣旨を明らかにするために、特に前文が設けられたものである。

このような教育基本法の教育法体系における位置付けは、今後とも維持していく必要があり、その重要性は変わるものではないことから、引き続き前文を置くことが適当である。

○　法制定の目的、法を貫く教育の基調など、現行法の前文に定める基本的な考え方については、引き続き規定することが適当である。

(教育の基本理念)

○　教育基本法は、「教育の目的」として、

(i)　教育は、人格の完成を目指し、平和的な国家及び社会の形成者として、心身ともに健康な国民の育成を期して行うこと、

(ii)　このような平和的な国家及び社会の形成者として、「真理と正

義」、「個人の価値」、「勤労と責任」、「自主的精神」の徳目が求められること、

を規定している。

そして、この「教育の目的」を達成する上での心構え、配慮事項を、「教育の方針」として規定している。

このような現行法に定められた基本理念（教育の目的及び教育の方針）は、憲法の精神に則った普遍的なものであり、引き続き規定することが適当である。

（新たに規定する理念）

○　さらに、制定から半世紀以上が経過した今日において、現在及び将来の教育を展望した場合、特に掲げて強調すべきと考えられる理念として、以下の事項があり、その趣旨を教育基本法に規定することが適当である。

○　なお、現行法においては、教育の目的と教育の方針については、両者一体となって教育の基本理念を構成していること、以下の事項の中には現行法に既に類似の理念が規定されているものもあることに十分留意した上で、法改正の全体像を踏まえ、新たに規定する理念として、これらの事項について、その趣旨を前文あるいは各条文に分かりやすく簡潔に規定することが適当である。

（個人の自己実現と個性・能力、創造性の涵養）

○　教育においては、国民一人一人が自らの生き方、在り方について考え、向上心を持ち、個性に応じて自己の能力を最大限に伸ばしていくことが重要であり、このような一人一人の自己実現を図ることが、人格の完成を目指すこととなる。また、大競争の時代を迎え、科学技術の進歩を世界の発展と課題解決に活《い》かすことが期待される中で、未知なることに果敢に取り組み、新しいものを生み出していく創造性の涵

養が重要である。

（感性、自然や環境とのかかわりの重視）

○　美しいものを美しいものとして感じ取り、それを表現することができる力は、人の有する普遍の価値であって、文化の創造の基礎にある心であり、力である。特に、日本人は、古来より自然を愛《め》で慈しみ、豊かな文化を築いてきた。しかし今や、子どもの生育環境の中からは、自然が失われつつある。地球環境の保全が大きな課題となっている今日、自然と共に人は生きているものであり、自然を尊重し、愛することが、人間などの生命あるものを守り、慈しむことにつながることを理解することが重要である。

（社会の形成に主体的に参画する「公共」の精神、道徳心、自律心の涵養）

○　これからの教育には、「個人の尊厳」を重んじることとともに、それを確保する上で不可欠な「公共」に主体的に参画する意識や態度を涵養することが求められている。このため、国民が国家・社会の一員として、法や社会の規範の意義や役割について学び、自ら考え、自由で公正な社会の形成に主体的に参画する「公共」の精神を涵養することが重要である。さらに、社会の一員としての使命、役割を自覚し、自らを律して、その役割を実践するとともに、社会における自他の関係の規律について学び、身に付けるなど、道徳心や倫理観、規範意識をはぐくむことが求められている。

（日本の伝統・文化の尊重、郷土や国を愛する心と国際社会の一員としての意識の涵養）

○　グローバル化が進展し、外国が身近な存在となる中で、我々は国際社会の一員であること、また、我々とは異なる伝統・文化を有する人々と共生していく必要があることが意識されるようになってきた。

そのような中で、まず自らの国や地域の伝統・文化について理解を深め、尊重し、日本人であることの自覚や、郷土や国を愛する心の涵養を図ることが重要である。さらに、自らの国や地域を重んじるのと同様に他の国や地域の伝統・文化に対しても敬意を払い、国際社会の一員として他国から信頼される国を目指す意識を涵養することが重要である。

なお、国を愛する心を大切にすることや我が国の伝統・文化を理解し尊重することが、国家至上主義的考え方や全体主義的なものになってはならないことは言うまでもない。

(生涯学習の理念)

○　今日、社会が複雑化し、また社会構造も大きく変化し続けている中で、年齢や性別を問わず、一人一人が社会の様々な分野で生き生きと活躍していくために、家庭教育、学校教育、社会教育を通じて職業生活に必要な新たな知識・技能を身に付けたり、あるいは社会参加に必要な学習を行うなど、生涯にわたって学習に取り組むことが不可欠となっている。教育制度や教育政策を検討する際には、これまで以上に学習する側に立った視点を重視することが必要であり、今後、誰もが生涯のいつでも、どこでも、自由に学習機会を選択して学ぶことができるような社会を実現するため、生涯学習の理念がますます重要となる。

(時代や社会の変化への対応)

○　教育においては、次代に継承すべき価値を大切にするとともに、年齢や性別を問わず国民一人一人が時代の変化や社会を取り巻く環境の変化に対応できる能力を身に付けることが重要である。グローバル化や情報化の進展、地球環境問題の深刻化や科学技術の進歩など、国民を取り巻く環境は大きく変貌を遂げており、教育も、これらの時代や社会の変化に常に的確に対応していくことが重要である。

(職業生活との関連の明確化)

○　職業は、一人一人の人生において重要な位置を占めており、人は働くことの喜びを通じて生きがいを感じ、社会とのつながりを実感することができる。しかし、経済構造が変化する中で、価値観の多様化が進んでおり、職業観・勤労観の育成がこれまでにも増して必要となってきている。また、若者の就職難が恒常化したり、年齢を問わず転職が一般化する中で、やり直しが可能となるよう必要な専門知識や技能を身に付けることが強く求められるようになってきている。さらに、我が国を支えてきた「ものづくり」の衰退が懸念される中で、その技術や能力を尊重する重要性が指摘されている。また、女性の人生における職業の位置付けも変化してきている。

このため、これからの学校教育においては、子どもに的確な職業観・勤労観や職業に関する知識・技能を身に付けさせるとともに、自己の個性を理解し、主体的に進路を選択する能力や態度をはぐくむための教育の充実に努めることが重要であり、また、社会においても生涯にわたり職業にかかわる学習機会を充実していくことが重要である。

（男女共同参画社会への寄与）

○　憲法に定める男女平等に関し、現行法は、「男女共学」の規定において男女が互いに敬重し協力し合わなければならないことを定めている。しかし、社会における男女共同参画は、まだ十分には実現しておらず、男女が互いにその人権を尊重しつつ責任も分かち合い、その個性と能力を十分に発揮することができる男女共同参画社会を実現するためには、このような現行法の理念は今日においてより重要である。

なお、現在では、男女共学の趣旨が広く浸透するとともに、性別による制度的な教育機会の差異もなくなっており、「男女の共学は認められなければならない」旨の規定は削除することが適当である。

（２）教育の機会均等、義務教育

①教育の機会均等

○　教育の機会均等の原則、奨学の規定は、引き続き規定することが適当。

○　教育の機会均等は、憲法に定める教育を受ける権利（憲法第26条第１項）、法の下の平等（同第14条）の規定を受け、その趣旨を教育において具体的に実現する手掛かりとして規定されたものである。これは、「個人の尊厳」を実質的に確保する上で欠かせない大切な原則であるが、これまでの教育がややもすれば過度の平等主義や画一主義に陥りがちであったという指摘にも留意した上で、教育の機会均等の原則や奨学の規定については、引き続き同様に規定することが適当である。

○　また、憲法や教育基本法の精神に基づいて教育を行うに当たっては、障害のある子どもなど教育を行う上で特別の支援を必要とする者に対して、その必要に応じ、より配慮された教育が行われることが重要である。

②義務教育

○　義務教育期間９年間、義務教育の授業料無償の規定は、引き続き規定することが適当。

○　義務教育は、近代国家における基本的な教育制度として憲法に基づき設けられている制度であり、普通教育が民主国家の存立のために必要であるという国家・社会の要請とともに、親が本来有している子を教育すべき義務を国として全うさせるために設けられているものである。このように、国民に教育を受けさせる義務を課す一方、国及び地

方公共団体は共同して良質の教育を保障する責任を有しており、義務教育の充実を図っていく必要がある。

○　義務教育については、憲法の規定を受けて、義務教育期間を９年間と規定するとともに、国公立学校における授業料は無償とすることを定めているが、これについては、引き続き同様に規定することが適当である。

（３）国・地方公共団体の責務

○　教育は不当な支配に服してはならないとする規定は、引き続き規定することが適当。

○　国と地方公共団体の適切な役割分担を踏まえて、教育における国と地方公共団体の責務について規定することが適当。

○　教育振興基本計画の策定の根拠を規定することが適当。

○　教育行政の在り方については、現行法は、教育は不当な支配に服してはならないとの原則とともに、教育行政は必要な諸条件の整備を目標として行われなければならないことを定めている。前者については、引き続き規定することが適当である。

教育行政の役割については、地方分権の観点から国と地方公共団体が適切に役割分担していくことが重要となっていることを踏まえて、教育における国と地方公共団体の責務について規定することが適当である。なお、「必要な諸条件の整備」には、教育内容等も含まれることについては、既に判例により確定していることに留意する必要がある。

○　さらに、教育基本法に規定された理念や原則を実現する手段として、教育振興に関する基本計画を策定する根拠となる規定を、教育基本法に位置付けることが適当である。なお、教育振興基本計画の基本的考え方については、次章で述べることとする。

（4）学校・家庭・地域社会の役割等

①学校

○　学校の基本的な役割について、教育を受ける者の発達段階に応じて、　知・徳・体の調和のとれた教育を行うとともに、生涯学習の理念の実現に寄与するという観点から簡潔に規定することが適当。その際、大学・大学院の役割及び私立学校の役割の重要性を踏まえて規定することが適当。

○　学校の設置者の規定については、引き続き規定することが適当。

○　現行法は、学校の役割については一切規定しておらず、学校教育法において、各学校種ごとの目的、目標が規定されている。
教育の目的を実現する上で、今後とも学校教育は中心的な役割を果たすことが期待されている。特に、今後の学校には、基礎・基本の徹底を通じて生涯にわたる学習の基盤をつくり、共同生活を通じて社会性を身に付けていくこととともに、社会人の再教育など多様なニーズに対応した学習機会の充実を図ることが強く求められている。

　また、今後の教育を進めていく上で、学校・家庭・地域社会の三者の連携・協力をより一層強化することが求められており、そのためには、この三者の適切な役割分担が明確にされることが必要である。

　このため、学校の基本的な役割について、教育を受ける者の発達段階に応じて、知・徳・体の調和のとれた教育や、豊かな感性をはぐく

む教育を行うとともに、生涯学習の理念の実現に寄与するという観点から簡潔に規定することが適当である。

○　大学・大学院は、我が国の教育において、高度で専門的な知識を備えた人材の育成を図るとともに、真理の探究を通じて、新たな知見を生み出し、これを活用して文芸学術の進展や社会の発展に貢献することなどにより、現代社会において欠くことのできない大変重要な役割を果たしている。このため、学校の役割について規定する際には、このような大学・大学院の役割の重要性についても十分に踏まえる必要がある。

○　さらに、私立学校は、幼稚園から大学・大学院までの学校教育全体にわたって、我が国の公教育の重要な一翼を担っている。その果たしている役割の大きさにかんがみ、学校の役割について規定する際には、その重要性についても十分に踏まえる必要がある。

○　現行法は、学校は「公の性質をもつ」ものとし、その設置者の具体的な範囲は学校教育法に委《ゆだ》ねている。学校には、国民全体のために教育を行うという公共性が求められること、また、その設置者には、一定水準の教育条件を確保するために運営の安定性や継続性を担保する能力が求められることを踏まえて、引き続き同様に規定することが適当である。

②教員

○　学校教育における教員の重要性を踏まえて、現行法の規定に加えて、研究と修養に励み、資質向上を図ることの必要性について規定することが適当。

○　学校教育の成否は、子どもの教育に直接に当たる教員の資質に大きく左右される。教員に対する評価の実施と、それに応じた適切な処遇の実施や、不適格な教員に対する厳格な対応とともに、養成・採用・研修や免許制度の改善等を通じて、教員の資質の向上を図ることは教育上の最重要課題である。

このような、学校教育における教員の重要性を踏まえて、教育基本法において、国・公・私立学校の別なく、教員が自らの使命を自覚し、その職責の遂行に努めるという現行法の規定に加えて、研究と修養に励んで資質向上を図ることの必要性について規定することが適当である。

また、このためには、教員の身分が尊重され、その待遇の適正を期すことが重要であり、引き続き同様に規定することが適当である。

○　学校教育においては、子どもが自ら学習に取り組む主体的な存在として尊重され、子どもの学習意欲を引き出し、個性に応じて能力を伸ばすことができるよう教育上配慮されなければならない。同時に、子どもが学習する際には、規律を守り、真摯に学習に取り組むことが重要であり、教員は、子どもにそのような態度を身に付けさせることにより、安心して学習することができる環境を形成するよう努めることが重要である。

③家庭教育

○　家庭は、子どもの教育に第一義的に責任があることを踏まえて、家庭教育の役割について新たに規定することが適当。

○　家庭教育の充実を図ることが重要であることを踏まえて、国や地方公共団体による家庭教育の支援について規定することが適当。

○　家庭は教育の原点であり、すべての教育の出発点である。親（保護者）は、人生最初の教師として、特に、豊かな情操や基本的な生活習慣、家族や他人に対する思いやり、善悪の判断などの基本的倫理観、社会的なマナー、自制心や自立心を養う上で、重要な役割を担っている。しかし、少子化や親のライフスタイルの変化等が進む中で、過干渉・過保護、放任、児童虐待が社会問題化するとともに、親が模範を示すという家庭教育の基本が忘れ去られつつあるなど、家庭教育の機能の低下が顕在化している。また、父親の家庭教育へのかかわりが社会全体として十分ではない。

○　しかしながら、現行法においては、家庭教育について、社会教育の条文の中に、「家庭教育は……国及び地方公共団体によつて奨励されなければならない」と規定されているにとどまっている。家庭教育の現状を考えると、それぞれの家庭（保護者）が子どもの教育に対する責任を自覚し、自らの役割について改めて認識を深めることがまず重要であるとの観点から、子どもに基本的な生活習慣を身に付けさせることや、豊かな情操をはぐくむことなど、家庭の果たすべき役割や責任について新たに規定することが適当である。なお、その際には、家庭が子どもの教育に第一義的な責任を負っているという観点に十分留意し、最小限の範囲で規定することが適当である。

○　また、教育行政の役割としては、家庭における教育を支援するための諸施策や、国・地方公共団体と企業等が連携・協力して子どもを産み育てやすい社会環境づくりを進めていくことなどにより、家庭における教育の充実を図ることが重要であることを踏まえて、国や地方公共団体による家庭教育の支援について規定することが適当である。

④社会教育

○　社会教育は国及び地方公共団体によって奨励されるべきであることを引き続き規定することが適当。

○　学習機会の充実等を図ることが重要であることを踏まえて、国や地方公共団体による社会教育の振興について規定することが適当。

○　心の豊かさを求める国民意識の高まりの中で、余暇活動をより豊かにしたり、ボランティア活動に参加するために、必要な知識・技能を身に付けるなどの学習への期待が高まるとともに、長寿化や産業・就業構造の変化の中で、生涯にわたる継続的な学習の重要性が高まっている。このため、社会教育は国及び地方公共団体によって奨励されるべきであることを引き続き規定することが適当である。

あわせて、学習機会の充実等を図ることが重要であることを踏まえて、国や地方公共団体による社会教育の振興について規定することが適当である。

⑤学校・家庭・地域社会の連携・協力

○　教育の目的を実現するため、学校・家庭・地域社会の三者の連携・協力が重要であり、その旨を規定することが適当。

○　子どもの健全育成をはじめ、教育の目的を実現する上で、地域社会の果たすべき役割は非常に大きい。学校・家庭・地域社会の三者が、それぞれ子どもの教育に責任を持つとともに、適切な役割分担の下に相互に緊密に連携・協力して、教育の目的の実現に取り組むことが重

要であり、その旨を規定することが適当である。

○　なお、連携・協力を進めていく上で、これからの学校は、自らの教育活動の状況について積極的に情報提供するなど説明責任を果たしながら、保護者や地域の人々の積極的な参加や協力を求めていくことが重要である。

（5）教育上の重要な事項

①国家・社会の主体的な形成者としての教養

○　自由で公正な社会の形成者として、国家・社会の諸問題の解決に主体的にかかわっていく意識や態度を涵養することが重要であり、その旨を適切に規定することが適当。

○　学校における特定の党派的政治教育等の禁止については、引き続き規定することが適当。

○　国民一人一人が、法や社会の規範の意義や役割を単に知識として身に付けるにとどまらず、自由で公正な社会の形成者として、国家・社会の諸問題の解決に主体的にかかわっていく意識や態度を涵養することが重要であり、その旨を適切に規定することが適当である。

○　また、現行法は、学校においては「特定の政党を支持し、又はこれに反対するための政治教育その他政治的活動」を行うことを禁止している。教育の政治的中立を確保するために、学校における特定の党派的政治教育等を禁止することは、今後の教育においても重要な原則として引き続き規定することが適当である。

②宗教に関する教育

○　宗教に関する寛容の態度や知識、宗教の持つ意義を尊重することが重要であり、その旨を適切に規定することが適当。

○　国公立学校における特定の宗教のための宗教教育や宗教的活動の禁止については、引き続き規定することが適当。

○　教育と宗教とのかかわりについては、大きく、「宗教に関する寛容の態度の育成」、「宗教に関する知識と、宗教の持つ意義の理解」、「宗教的情操の涵養」、「特定の宗教のための宗教教育」といった側面に分けてとらえることができる。

○　憲法に定める信教の自由を重んじ、宗教を信ずる、又は信じないことに関して、また宗教のうち一定の宗派を信ずる、又は信じないことに関して、寛容の態度を持つことについては、今後とも教育において尊重することが必要である。

○　宗教は、人間としてどう在るべきか、与えられた命をどう生きるかという個人の生き方にかかわるものであると同時に、社会生活において重要な意義を持つものであり、人類が受け継いできた重要な文化である。このような宗教の意義を客観的に学ぶことは大変重要である。

また、国際関係が緊密化・複雑化する中にあって、他の国や地域の文化を学ぶ上で、その背後にある宗教に関する知識を理解することが必要となっている。

○　しかしながら、現在、国公立の学校においては、現行法の特定の宗教のための宗教教育を禁止する規定（第９条第２項）を拡大して解釈

する傾向があることなどから、宗教に関する知識や宗教の意義が適切に教えられていないとの指摘がある。このため、憲法の規定する信教の自由や政教分離の原則に十分配慮した上で、教育において、宗教に関する寛容の態度や知識、宗教の持つ意義を尊重することが重要であり、その旨を適切に規定することが適当である。

また、国公立学校において、特定の宗教のための宗教教育や宗教的活動を行ってはならないことについては、引き続き規定することが適当である。

○　人格の形成を図る上で、宗教的情操をはぐくむことは、大変重要である。現在、学校教育において、宗教的情操に関連する教育として、道徳を中心とする教育活動の中で、様々な取組が進められているところであり、今後その一層の充実を図ることが必要である。

また、宗教に関する教育の充実を図るため、今後、教育内容や指導方法の改善、教材の研究・開発などについて専門的な検討を行うことが必要である。

（６）その他留意事項

（教育を受ける権利等）

○　教育の機会均等に関して、現行法に「教育を受ける機会」と規定されているのを、憲法と同様に「教育を受ける権利」と改めてはどうかとの意見があったが、現行法の規定が、憲法上の権利を具体化してそれをより実質化するためには「教育を受ける機会」が確保される施策を進めることが重要である、との趣旨を表現したものであることに十分留意する必要がある。また、「生涯にわたり学習する権利」を規定してはどうかとの意見があったが、生涯学習については、教育全体を貫く基本的な理念として位置付けることが適当と考える。

（義務教育制度の在り方）

○　義務教育に関して、社会の変化や保護者の意識の変化に対応し、義務教育制度をできる限り弾力的なものにすべきとの観点から、

(i)　就学年齢について、発達状況の個人差に対応した弾力的な制度

(ii)　学校区分について、小学校６年間の課程の分割や幼小、小中、中高など各学校種間の多様な連結が可能となるような仕組み

(iii)　保護者の学校選択、教育選択などの仕組みなどについて様々な意見が出された。

　これらの事項については、法制上は、学校教育法等において具体的に規定されている就学年齢、学校区分、就学指定等に関する事項であるので、今後、関係分科会等において検討し、実現可能なものについては、学校教育法等の改正などにより対応することが適当である。

3　教育基本法改正と教育改革の推進

○　本審議会においては、教育の基本的な理念や原則を定める教育の根本法としての教育基本法の意義を十分に踏まえて、教育の諸制度や諸施策を個別に論じるだけでは取り上げにくい、教育の目的や方針、学校教育制度の在り方、家庭教育の役割など、教育の根本的な部分について審議を行い、その結果を取りまとめた。

○　今後、政府においては、本審議会の答申を踏まえて、教育基本法の改正に取り組むことを期待する。法制化に際しては、国民に分かりやすい明確で簡潔なものとなるよう配慮する必要がある。

　また、教育基本法改正の趣旨が教育制度全般に生かされるよう、学校教育法、社会教育法、生涯学習の振興のための施策の推進体制等の整備に関する法律などに定める具体的な制度の在り方や、学習指導要領などの教育全般にわたって見直しを行うことが必要と考える。

　特に、学校教育法については、教育基本法改正に合わせて、各学校種ごとの目的、目標に関する規定などについて、見直す必要が生じる

と考えられる。

○　また、本審議会においては、義務教育制度の在り方や、次章で述べる教育振興基本計画の具体的内容について、今後、関係分科会等において検討を深める必要がある。

第3章　教育振興基本計画の在り方について

1　教育振興基本計画策定の必要性

○　実効ある教育改革は、教育基本法の理念や原則の再構築とともに、具体的な教育制度の改善と施策の充実、さらに、教育に携わる者、教育を受ける者、国民一人一人の意識改革とがあいまって、初めて実現されるものである。

近年、「環境」、「科学技術」、「男女共同参画」、「食料・農業・農村」、「知的財産」など、行政上の様々な重要分野について、基本法が制定されるとともに、それぞれの基本法に基づく基本計画が策定されている。これらの計画には、施策の基本方針や目標、各種の具体的な施策、施策を推進するために必要な事項等が、総合的・体系的に盛り込まれ、国民に分かりやすく示されており、閣議決定を経て政府全体の重要課題と位置付けられている。

○　しかしながら、昭和22年に制定された教育基本法には、基本計画に関する規定が置かれておらず、現在まで、教育に関する政府全体の基本計画は策定されてこなかった。教職員定数改善計画、国立大学施設整備計画、コンピュータ整備計画、留学生受入れ10万人計画など、個々の施策の計画は策定されてきており、最近では「21世紀教育新生プラン」のように教育施策を体系化して国民に分かりやすく示す試みも行われている。しかし、これらは、文部科学省の施策の枠内で取りまとめられたものであり、政府全体として教育の重要性に明確な位置

付けを与え、総合的に取り組む計画とはなっていない。

政府として、未来への先行投資である教育を重視するという明確なメッセージを国民に伝え、施策を国民に分かりやすく示すという説明責任を果たすためにも、教育の根本法である教育基本法に根拠を置いた、教育振興に関する基本計画を策定する必要がある。

○　このため、本審議会は、教育振興基本計画の骨格となる基本的考え方について以下のように提言する。また、教育基本法の改正後、政府において直ちに教育振興基本計画の策定作業に入ることができるよう、計画に盛り込むべき具体的な施策の内容について、今後、本審議会の関係分科会等においてより専門的な立場から検討を行うこととしたい。

なお、計画のイメージをできるだけ分かりやすく示し、関係分科会等での検討に資するため、計画に関して本審議会において出された様々な意見を整理し、参考資料として「今後の審議において計画に盛り込むことが考えられる具体的な政策目標等の例」を添付する。また、中間報告に記述されている「教育振興基本計画に盛り込むべき施策の基本的な方向」や計画について寄せられた意見・要望についても、実際に計画を策定する際には十分参考にしてほしい。

教育基本法改正後、同法の理念や原則を実現するために必要な諸施策の実施につき、関係府省に対しても幅広く協力を求め、政府全体として教育振興基本計画を速やかに策定されることを期待する。

2　教育振興基本計画の基本的考え方

(1) 計画期間と対象範囲

○　計画期間については、科学技術の進展や、社会や時代の変化が急速であることにかんがみて、あまり長期になることを避け、おおむね5年間とすることが適当であると考える。また、計画期間内に定期的に政策評価を実施し、その結果を踏まえ必要に応じ見直しを行うものと

する。なお、従来の教育関係の個別の計画には5年間程度を計画期間とするものが多いが、それらとの整合を図る必要がある。

計画の対象範囲は、原則として教育に関する事項とし、教育と密接に関連する学術やスポーツ、文化芸術教育等の推進に必要な事項も、この計画に含めるものとする。

（2）これからの教育の目標と教育改革の基本的方向

（これからの教育の目標）

○　教育振興基本計画では、教育の目標と、その目標を達成するための教育改革の基本的方向を明らかにする必要がある。「これからの教育の目標」については、第1章で述べたように、例えば以下のとおりとすることが適当と考える。

①自己実現を目指す自立した人間の育成
②豊かな心と健やかな体を備えた人間の育成
③「知」の世紀をリードする創造性に富んだ人間の育成
④新しい「公共」を創造し、21世紀の国家・社会の形成に主体的に参画する日本人の育成
⑤日本の伝統・文化を基盤として国際社会を生きる教養ある日本人の育成

（教育改革の基本的方向）

○　「教育改革の基本的方向」については、上記の教育の目標と第2章で述べた教育基本法改正の視点を勘案して、例えば以下のとおりとすることが適当と考える。

①信頼される学校教育の確立
　・一人一人の個性・能力を涵養する教育の推進
　・豊かな心をはぐくむ教育の推進

・健やかな体をはぐくむ教育の推進
・グローバル化、情報化等社会の変化に的確に対応する教育の推進
②「知」の世紀をリードする大学改革の推進
③家庭の教育力の回復、家庭・学校・地域社会の連携・協力の推進
④生涯学習社会の実現

（3）政策目標の設定及び施策の総合化・体系化と重点化

○　計画においては、これからの教育の目標と教育改革の基本的方向を踏まえて、中長期的に今後の社会の姿を見通しながら、今後おおむね5年間に重点的に取り組むべき分野・施策を明確にするとともに、具体的な政策目標と施策目標を明記する必要がある。これらの目標の策定に際しては、国民に分かりやすいものとすることが重要である。また、施策目標のうち可能なものについてはできる限り数値化するなど、達成度の評価を容易にし、施策の検証に役立つよう留意する必要がある。

○　計画の策定に当たっては、施策の総合化・体系化、政策効果についての十分な検証を踏まえた施策の優先順位の明確化と施策の重点化、これまでの答申等における提言の実現状況等に十分留意しつつ、例えば、以下に掲げるような基本的な教育条件の整備について、その方向性を明確に示していく必要がある。

・「確かな学力」の育成

　国と地方の適切な役割分担の下、教職員配置の見直し等を通じた少人数指導や習熟度別指導など個に応じたきめ細かな指導の推進により、基礎的・基本的な知識・技能、学ぶ意欲や考える力などの「確かな学力」を育成する。

・良好な教育環境の確保

　初等中等教育から高等教育までを通じた学校施設の耐震化・老朽化対策などの整備・充実等を通じ、良好な教育環境を確保する。

・教育の機会均等の確保

次代を担う意欲と能力のある人材を育成するため、奨学金制度の充実等を通じ、教育の機会均等を確保する。

・私立学校における教育研究の振興

我が国の教育において私立学校が果たす役割の重要性等にかんがみ、私学助成等を通じた良好な教育研究環境の整備を図り、特色ある教育を展開する私立学校の振興を図る。

・良好な就学前教育環境の整備

幼児期から「生きる力」の基礎を育成する環境を整備するため、幼稚園と小学校などとの連携・協力を推進するとともに、地域社会や家庭の多様なニーズに対応しつつ、就学前の幼児がそのニーズに応じた教育を適切に受けられるようにする観点から、幼稚園と保育所との連携・協力を推進する。

（４）計画の策定、推進に際しての必要事項

（教育投資の充実）

○　教育は、個人の生涯を幸福で実りあるものにする上で必須のものであると同時に、社会を担う人材を育成することにより、我が国の存立基盤を構築するものである。今後、我が国が国家戦略として人材教育立国、科学技術創造立国を目指すためには、計画に定められた施策を着実に推進していく必要がある。一方、現在の厳しい財政状況の下で、未来への先行投資である教育投資の意義について、国民の支持・同意を得るためには、今まで以上に教育投資の質の向上を図り、投資効果を高めることにより、その充実を図っていくことが重要である。そのためには、上記で述べたように、施策の総合化・体系化、また重点化によって教育投資の効率化に努めるとともに、政策評価の結果を適切に反映させる必要がある。

（国と地方公共団体、官民の適切な役割分担）

○　計画の策定に際しては、教育における地方分権、規制改革を一層推

進するとともに、教育の機会均等や全国的な教育水準の維持向上を図る観点から、国が責任を負うべき施策と地方公共団体が責任を負うべき施策とを明確に区別した上で、相互の連携・協力が図られるようにする必要がある。また、職業能力開発、高度専門職業人の教育訓練など関係行政分野との連携・協力に努めるとともに、行政と民間との間の適切な役割分担、連携・協力にも配慮することが大切である。

（政策評価の実施）

○政策評価を定期的に実施し、政策目標や施策目標の達成状況、投資効果を明らかにするとともに、その結果を計画の見直しや次期計画に適切に反映させていく必要がある。また、国民に対する説明責任を果たすため、評価結果の積極的な公開を行うとともに、国民からの意見を計画に適切に反映させることが大切である。

(参考)

今後の審議において計画に盛り込むことが考えられる具体的な政策目標等の例

（1）信頼される学校教育の確立

①一人一人の個性・能力を涵養する教育の推進

○　児童・生徒の学習到達度を調査するための全国的な学力テストを実施し、その評価に基づいて学習指導要領の改善を図る。「確かな学力」を育成し、国際的な学力調査（ＰＩＳＡ／ＩＥＡなど）での上位成績を維持する。

○　少人数指導や習熟度別指導など個に応じたきめ細かな指導を推進して、分かる授業を行い、学ぶ意欲を高めるとともに、楽しい学校生活を実現する。

○　学習障害（ＬＤ）、注意欠陥／多動性障害（ＡＤＨＤ）等への教育的対応を含めた特別支援教育体制の構築を図る。

○　当面、高等学校の通学範囲に少なくとも１校を目標に中高一貫教育校の設置を推進するとともに、小中一貫、幼小一貫など弾力的な学校種間連携等を積極的に推進する。

○　教育委員会と大学の教員養成系学部との連携による教員養成や研修の効果的実施、教員の能力、実績を適切に評価するシステムの導入等を通じて、教員間の切磋琢磨を促し、教えるプロとしての使命感と能力を備えた優れた教員を育成・確保する。あわせて、学校職員の資質の向上を図る。

○　学校施設の耐震化の推進など良好な教育環境の確保を進めるとともに、学校の安全管理の徹底を図る。

○　私立学校における独自の建学の精神に基づく特色ある教育と多様な教育研究の振興を図る。

②豊かな心をはぐくむ教育の推進

○　地域の人材の活用や体験活動等を通じて、道徳教育の充実を図る。

○　いじめ、校内暴力の「５年間で半減」を目指し、安心して勉強できる学習環境づくりを推進する。また、不登校等の大幅な減少を目指し、受入れのための体制づくりを推進する。

○　学校、市町村、都道府県等の各段階における教育相談体制の整備を図り、子どもの心のケアを充実する。

○　学校における司法教育の充実を図り、すべての子どもに、自由で公正な社会の責任ある形成者としての資質を育てる。

○　宗教に関する教育について専門的な検討を行い、教育内容の改善、指導方法や教材の研究・開発の充実を図る。

○　伝統文化や現代文化を鑑賞し、体験する機会の充実を図るなど文化芸術に関する教育の充実を図る。

○　小学校就学前のすべての子どもが適切な幼児教育を受けることができるよう幼児教育体制の充実を図る。また、幼稚園・保育所と小学校以降の教育との連携の強化を図る。

○　「職場体験学習」など、学校と職業生活との接続を改善し、将来の職業や働き方、生き方を考えさせる教育を、初等中等教育の各段階を通じて実施する。

③健やかな体をはぐくむ教育の推進

○　生涯にわたって積極的にスポーツに親しむ習慣や意欲、能力を育成するため、教員の指導力の向上、優れた指導者の確保、運動部活動の改善・充実を図る。

○　子どもの体力や運動能力の低下に歯止めをかけ、上昇傾向に転じさせることを目標として、子どもの体力向上を推進する。

○　子どもたちに生涯にわたる心身の健康の保持に必要な知識や適切な生活習慣等を身に付けさせるための健康教育を推進する。

④グローバル化、情報化等社会の変化に的確に対応する教育の推進

○　高校卒業段階で英語で日常会話ができ、大学卒業段階では英語で仕事ができることを目標とした英語教育など、外国語教育の充実を図る。ＴＯＥＦＬ等の客観的な指標に基づく世界平均水準の英語力を目指す。大学入試センター試験に平成18年度入試から外国語リスニングテストを導入する。

○　教員の国際性を涵養するとともに、教員の国際教育協力の経験や異文化体験等を生かした教育を実践することにより、児童生徒の国際理解を促進する。

○　知識社会・高度情報化社会を生きる子どもの情報活用能力の向上を目標とし、新しい教材・教育用コンテンツ（インターネットや電子媒体等における情報の内容）の充実を図るとともに、すべての学校の教室への校内ＬＡＮの設置等による校内ネットワーク化、光ファイバー、ＡＤＳＬ等によるインターネットの高速化を行うなどにより、学校の情報通信環境の整備を推進する。

○　生涯にわたり自立的な生活を全うすることができるよう、経済をはじめ広く社会の仕組みに関する学習の機会を充実する。

（2）「知」の世紀をリードする大学改革の推進

○　大学改革の流れを加速し、活力に富み国際競争力のある大学づくりを目指すため、国立大学の法人化など大学の構造改革を推進する。

○　世界水準の教育研究成果の創出及び確保を目標として、大学等の施設整備を推進する。

○　高等教育機関の活性化を図るため、各大学において具体的目標を定め、教員の公募制・任期制の導入の推進を図るほか、教員の自校出身者比率の低下や大学院入学者中の他大学出身者の割合の

増加についての数値目標の設定など、各大学において具体的な目標を定め、教員・学生の多様性を高める。

○　学校管理職への女性の登用や大学・大学院における女性教員比率等の飛躍的な向上を促進する。

○　「留学生受入れ10万人計画」に続く新たな留学生政策を早期に策定し、高等教育の国際化及び国際競争力の強化等に資する留学生施策を推進する。

○　奨学金の充実など学生支援の推進を図る。

○　安易な卒業をさせないよう学生の成績評価を厳格化し、高等教育修了者にふさわしい学生の質（基礎的な教養、専門的な学力、人生観と世界観など）を保証する大学教育の実現を図る。

○　優れた研究教育拠点形成等の重点的な支援とともに、博士課程学生、ポストドクター（博士課程修了者）支援の充実など優れた若手研究者の育成を推進する。

○　国際的な通用性等を踏まえた高等教育機関の質を確保するための第三者評価システムの構築を推進する。

○　産学官連携を推進する。

○　研究開発成果等の知的財産の創出、保護、活用等を推進する。

○　大学・大学院等への社会人の受入れを拡大するため、社会人特別選抜制度や夜間大学院、昼夜開講制、長期履修学生制度の充実、サテライト教室の設置など、社会人の再教育を推進する。

（３）家庭の教育力の回復、学校・家庭・地域社会の連携・協力の促進

○　希望する保護者が全員参加できることを目指し、家庭教育に関する学習機会の提供や子育て支援ネットワークの形成等、家庭教育の充実のための環境を整備する。企業等に対して、雇用環境の整備など家庭教育の充実に向けた取組を要請する。

○　学校の教育活動等に対する保護者や地域住民の参加・協力を促

進する。

○　小・中学校で全員が体験することを目指し、地域におけるボランティア活動や自然体験活動などの奉仕活動・体験活動の機会を充実する。

○　すべての子どもが自主的に読書活動を行うことができるよう、家庭、地域、学校を通じた、子どもが読書に親しむ機会の提供、図書やその他の情報資料の整備などの諸条件の充実等、環境の整備を推進する。

○　青少年を取り巻く有害環境の問題について、関係業界に対する一層の自主規制の要請や経済団体に対する協力要請とともに、有害情報や情報活用能力の問題への取組を推進する。

（4）生涯学習社会の実現

○　地域の教育施設を活用した学習機会の提供等、社会・経済の変化や個人の学習ニーズに柔軟に対応し、生涯を通じ必要な時に必要な学習ができる環境づくりを推進する。

○　学校、地域等あらゆる場面を通じて、男女共同参画社会の理念の理解とその実現に向けた学習機会の充実を図る。

○　生涯にわたる学習活動の成果の評価・認証体制を整備する。

○　生涯スポーツ社会の実現のために、住民が主体的に参画する地域のスポーツクラブの育成を促進し、それぞれの技術や体力に応じてスポーツに親しむことのできる環境を整える。

《著　者》

大内裕和（おおうち　ひろかず）

1967年神奈川県生まれ。東京大学大学院教育学研究科博士課程修了。現在中京大学国際教養学部教授。専攻は教育学・教育社会学。主な著書に、『教育基本法「改正」を問う——愛国心・格差社会・憲法』（共著、白澤社、2006年）、『愛国心と教育』（編著、日本図書センター、2007年）、『民主党は日本の教育をどう変える』（岩波書店〔岩波ブックレット〕、2010年）など。

教育基本法改正論批判《きょういくきほんほうかいせいろんひはん》

—— 新自由主義・国家主義を越えて

2003年6月5日　第一版第一刷発行
2013年4月10日　第一版第八刷発行

著　者　大内裕和

発行者　吉田朋子

発　行　有限会社 白澤社《はくたくしゃ》

〒112-0014　東京都文京区関口1-29-6 松崎ビル202

電話 03-5155-2615／FAX 03-5155-2616

E-mail　hakutaku@nifty.com

発　売　株式会社 現代書館

〒102-0072　東京都千代田区飯田橋3-2-5

電話 03-3221-1321（代）／FAX 03-3262-5906

印　刷　モリモト印刷株式会社

用　紙　株式会社山市紙商事

製　本　株式会社越後堂製本

 ISBN978-4-7684-7904-9